책방에서
낭만을 찾는
당신에게．

※ 이 책은 책방지기를 꿈꾸는 분들이 읽기에 적절한 내용을 포함하고 있습니다. 이로 인해 갑자기 책방을 운영하겠다고 뜬구름을 잡을 수 있으니 보호자의 독서 지도가 필요합니다.

※ 서울 변두리의 작은 책방 겸 카페를 운영하는 책방지기의 이야기가 담겨 있습니다. 칠 년 차를 보내며 칠 년의 시간을 한 권의 책으로 엮었습니다. 책방을 시작했던 마음과 이어가고 싶은 마음을 적었고, 낭만을 꿈꾸며 사는 삶을 담았습니다.

책 방 에 서

낭 **만** 을 찾 는

당 신 에 게 。

처음에는 아무것도 없었다. 텅 빈 곳을 채우는 건 나였다. 내가 무엇을 할 수 있는지 알지 못한 채 뭐라도 채워야 했다. 아무도 나를 몰랐고, 지나가는 사람은 여기가 어디인지 궁금해하지 않았지만 나는 꾸리고, 버티고, 살아가고, 흘러갔다.

계획보다 감각이 먼저였고, 논리보다 마음이 앞섰다. 뭘 더 하기보다 내가 잘하는 것을 더 잘 해내고 싶었다. 그러면서 아주 조용한 변화들이 생겼다. 내가 고른 책을 누군가 고르고, 내가 꾸민 공간을 누군가 사랑하고, 내가 건넨 말이 누군가의 마음에 닿는 그런 순간들이 쌓였다.

다정한 공기가 머무는 공간에 잉크로 가득 찬 종이들이 쌓여 있는 곳, 누구 하나가 울기 시작하면 눈물바다가 되어버리는 곳, 긴장이 풀어진 순간에 눈을 감으면 스르르 잠에 빠져버리는 그런 공간을 위해 나는 더 부지런해지기로 했다. 여기 머문 사람들이 느긋할 수 있도록 노력했다. 자야 하는 시간을 모아서 지키고 싶은 공간을 위해 썼다.

그렇게 칠 년의 시간이 흘렀다.

독립서점 일상을 담은 에세이

오래 기억하고 싶은 순간들

- 낭만의 순간   12
- 변하지 않는 것들   15
- 책방지기로 살고 싶은 마음   18
- 낭만은 무슨 색일까   25
- 낭만이 머무는 공간   29
- 추억하는 공간에 관하여   34
- 음악과 낭만   37

책방에 흐르는 노래, 신청곡과 추천곡 사이

- 첫 번째 플레이리스트   42
- 힘이 되어 준 노래들   45
- 책방에 도착한 신청곡   48

책방에서의 7년, 그 시간에 관하여

- 다정한 사람이 되고 싶다   54
- 어떤 단어   59
- 낭만은 얼어 죽을 책방지기   66
- 스스로 선택한다는 것   70
- 투명 인간이 아니야   77
- 천장 누수와 영업에 관하여   80

- 책을 사지 않는 것   85
- 책을 팔고 싶다   88
- 모임을 꾸리는 것   93
- 온라인 모임에 관하여   98
- 무료함과 곰인형   101
- 인맥이 없기에 열심히   107
- 자발적 야근과 꿈꾸는 삶   111
- 고양이랑 노는 것이 직업이라면 얼마나 좋을까   115
- 먹고살 만한가   121

앞으로의 책방에 대한 꿈

- 정기적으로 떠나는 산티아고 순례길과 파리   126
- 낭만은 불편한 것   132
- 만년필   135
- 손 글씨를 잘 쓰고 싶다   138
- 책방에는 Q&A 노트가 있다   142
- 앞으로 3년 남았습니다   145

책방에 온 손님에게 보내는 편지

- 우연히 책방에 와준 당신에게   150
- 책방에서 낭만을 찾는 당신에게   153

오래 기억하고 싶은 순간들

낭만의 순간

 고요하다. 어쩌면 아무도 없을지도 모른다. 아니, 아무런 방해가 없다는 것이 더 어울린다. 숨을 고르고 문을 연다. 열리는 문으로 가장 먼저 들어가는 건 손이다. 바깥공기와 상관없이 덥지도 춥지도 않은, 딱 적당한 온도라는 생각은 손에서 시작해 머리로 흐른다.

 절대로 어둠에 휩싸일 리 없는 공간, 태양에 전원 스위치가 있어서 빛을 꺼버린다고 해도 이곳은 깜깜해지지 않을 것이다. 아주 작은 두 개의 조명이 있어서 칠흑 같은 어둠에도 무섭지 않다. 게다가 지금은 한낮이다. 옅은 조명을 켰는지 껐는지조차 헷갈리는, 빛으로 가득한 낮이다.

 몇 걸음 성큼성큼, 스피커까지 손을 단번에 뻗을 만큼 빠르게 안쪽으로 들어간다. 그리고 음악을 튼다. 귀를 가볍게 간지럽히는 데시벨의 음악이 흐를 때, "칙" 소리와 함께 커피 머신에는 커피가 한 잔 내려지고 어느새 공간에 온기가 채워진다.

어느 계절이든 따뜻한 커피가 좋다.

커피잔을 잡고 의자에 스르르 앉는다. 고양이가 소리 없이 다가온다. 고양이를 쓰다듬으며 커피를 마시는 여유, 그리고 오늘 무슨 책을 읽을까 고민하는 이 순간이 좋다. 따뜻한 아메리카노의 열기가 사라지지 않도록 시간이 멈추길 바라는 것, 나는 이것을 낭만이라 부른다.

낭만을 낭만으로 느끼지 못한 때가 있었다. 낭만적인 일을 하고 싶다고 생각하면서도 정작 무엇이 낭만인지 스스로 정의하지 못했다. 낭만의 반대말을 현실이라고 하는데 그럼 현실과 다른 순간이 낭만인 것인가, 어디로 가야 하고 무엇을 찾아야 낭만을 만날 수 있을까 고민했다. 그러다 문득, 낭만이라는 건 그저 현재에 충실한 것이 아닐까 싶었다.

만년필을 꺼냈다. 마음에 드는 종이를 접어 수제 노트를 만들고, 다음 책이 될 글을 썼다. 손 글씨로 초고를 써서 책을 완성하기로 했다.

생각나는 대로, 꿈꾸는 것과 현재하는 것 중에 낭만적인 것, 낭만에 대한 것들을 활자로 적어 나갔다. 잉크가 마르기 기다리며 다음 페이지에 적을 글귀를 떠올리며 차를 내리고 시계를 본다. 여기는 책방이다. 내가 주인인 곳, 낭만의 한가운데 오롯이 혼자 소유하고 싶은 장소다. 손님이 있을 때보다 없을 때가 많지만, 아직은 먹고사는 데 지장이 없어 괜찮은 낭만이다.

변하지 않는 것들

눈 깜박하는 순간에 많은 변화가 생긴다. 실시간으로 차트가 빠르게 바뀌고, 어제의 유행은 더 이상 현재가 아니기에 촌스럽다. 그런데도 여전히 과거를 찾는 사람이 있다.

PC와 노트북, 태블릿을 놔두고 다이어리와 일기장을 쓰는 사람이 있고, 디지털카메라가 있음에도 여전히 필름 카메라를 쓰는 사람이 있다. 로켓 배송이 있는 세상에 예약 주문을 기다리고, 배달이 편한데도 일부로 찾아가 물건을 산다. 안부를 묻고 손 편지를 주고받고, 전화를 건다. 산책하고, 웃음을 나누며, 손을 잡는다. 비싼 밥과 비싼 차가 아니어도 자판기 커피에 행복한 시설이 그대로고, 별을 보러 산에 오른다.

책방지기는 책방에서 이런 사람들을 마주한다. 데

이트 삼아 고요하게 책장을 넘기는 연인과 처음 받은 용돈으로 책을 고르러 온 초등학생이 함께 머물 때, 고양이가 기지개를 켜면 모두의 눈빛에 미소가 담기는 걸 책방지기는 매일 본다.

책은 책으로의 존재도 매우 좋지만 책이 있는 곳엔 이야기가 있고, 이야기가 있는 곳엔 낭만이 머물기 때문에 특별하다. 직접 책을 고르고, 누군가에게 책을 선물하고, 선물을 받고, 책을 사고, 책을 읽고, 책방에 가는… 무한하게 반복된다.

처음 책을 직접 고르던 어린 시절이 떠올랐다. 문제집을 사러 갔던 서점에서 사야 할 책은 뒷전으로 보내고 공부와 전혀 상관없는 책에 시선이 갔다. 정해진 용돈의 범위 내에서 살 수 있을까 없을까 숱하게 고민하면서 망설이다가 내려놓고, 다시 집어 드는 걸 반복했다. 책 가격을 보다가 돈이 모자라 바로 사지 못했지만 이후 돈을 모아 기어이 그 책을 사는 것에 성공했다. 어떤 책을 샀는지 책 제목은 잊었다. 그러나 그 책을 고르던 순간은 꽤 오래 기억에서 또렷했다. 어른이 되었을 때는 사람들에게 책 선물하는 걸 즐겼다. 그래서 자주 책방에 들렀다. 그때 어떤 책을 선물했는지 역시 기억에서 사라졌다. 하지만 책을 선물했던 순간은 오래 기억한다. 어쩌면 책을 골랐던 그 마음은 그대로이기 때문에 책의 종류가 아닌 감정이 오래 남아 있을 것이다.

시대가 변해도 변하지 않는 것들과 변하지 않을 것 같았지만 변한 것들이 있다. 변화가 좋은 것일지 변하지 않는 것이 더 나은 것일지는 시대가 지나고야 알 수 있다. 과거와 미래와 현재는 그러하기에 의미가 있다. 시간이 지나서 책방이 거의 다 사라진다고 해도, 분명 책을 고를 수 있는 장소는 사라지지 않을 것이다. 그리고 책을 함께 읽고 나누고 주고받는 시간도 변하지 않을 것이다.

오늘 책방에 온 손님들이 먼 훗날 어디선가 책을 고르다가 우연히도 여기가 그리워서 다시 발걸음을 이곳으로 이끌어 준다면 그때 나는 지금 마음 그대로 머물고 있길 바란다.

책방지기로 살고 싶은 마음

 책방지기가 된 후, 최소 일주일에 한 번꼴은 책방을 열고 싶다는 사람을 만났다. 돈을 버는 것 같지 않은데 사는 게 문제없어 보이고, 아주 어려운 노동이 없는 것 같은 직업이기 때문에 꿈꾸는 사람이 있을지 모른다. 하지만 그 말은 일부는 맞고 일부는 틀리다. 책방지기가 되고 싶다는 사람들에게 책방이라는 공간이 꿈인지, 책방의 주인이 꿈인지 물어보면 대체로 선뜻 대답하지 못했다. 책방을 갖고 싶은 것인지 책방에 있고 싶은 것인지조차 모호하게 생각하는 사람도 많았다. 나만의 색으로 공간을 꾸민다고 하면서도 책을 많이 팔지 못하는 것을 걱정했고, 책이 아닌 경험을 파는 공간을 꾸리고 싶다면서도 기획과 콘텐츠 생성 역량이 부족하다고 말했다.

책방을 꿈꾸는 마음과 운영하는 현실 사이에는 생각보다 간극이 크다. 단지 책을 좋아하는 마음으로는 부족하다. 공간을 꾸리면서 삶까지 영유하기 위해서는 치열한 현실을 이겨내야 한다. 일단, 삶에 여유가 있으려면 당연히 금전적으로 빠듯하지 않아야만 가능하다. 그래서 최선을 다해 돈을 벌어야 한다. 책 판매는 기본이고, 독서 모임이나 출판 관련 수업, 온라인 스토어와 굿즈 제작 등 수익을 만들 모든 가능성을 찾는다. 그러면서도 사람들에게 여유로운 모습을 보이기 위해, 많은 시간과 노동력을 쏟는다. 작은 공간에 책이 잘 담기도록 최선을 다해 공간을 정비한다. 누가 언제 갑자기 오더라도 답답하지 않길 바라는 마음으로 매일 치우고 또 치운다. 책장을 늘 바꾸는 것도 잊지 말아야 한다. 책을 팔기 위해서라기보다 책이 잊히지 않도록 끊임없이 숨을 불어넣는다. 혹시라도 눈에 띄지 않아 누군가의 선택을 받지 못할까 봐, 책장의 책들이 한 곳에만 머물지 않게 자리를 옮기며 사람들의 시선을 받게 최선을 다한다. 이 모든 일을 해내는 사람이 바로 책방지기다. 다시 말해, 책방지기는 단순히 책방을 지키는 주인이 아니고 그렇다고 노예도 아니다. 책방의 벗이면서 책과 독자를 연결하는 길이고, 자신의 삶을 잘 가꾸는 주인이다. 자신이 원하는 분위기와 위치에 맞는 책방 공간을 열고, 그곳에서 시간과 에너지를 투자하여 쉼 없이 일하며, 좋아하는 책을 상품으로 팔고, 다채로운 문화 콘텐츠를 생산하고 제시하는 사람, 책방의 세계를 살아 움직이게 만들어 주고 공간에 철학을 불어넣는 그런 사람이다.

그렇다면 나는 책방이라는 공간 혹은 책방지기 중 어떤 것을 원했던 것일까. 어쩌면 둘 다 원했을 수도 있겠지만, 그래도 하나만 선택하라고 한다면 무엇을 원했을지 생각했더니 '책방지기'가 더 우선이었다.

그렇다고 어릴 때부터 책방지기를 꿈꾼 건 아니었다. 30대 초반에서야 처음으로 책방지기의 삶을 상상했다. 그러나 책을 좋아하는 마음만으로는 책방을 꾸리기엔 부족하다는 걸 알고 있었다. 그래서 책방 운영에 필요한 금전적인 부분을 따져가며 구체화했는데, 생각보다 창업 자금이 많이 필요한 것 같아서 마음을 접었다. 그러다 문득, 사업을 하려는 것인데 돈을 쓰려는 것만 생각하고 벌려는 생각은 하지 않았다는 것을 깨달았다. 충분히 벌어서 할 수 있는 거라면 그건 직업이 아닌 취미생활일 것이다. 직업이라면 돈을 버는 것에 목적을 두는 것이 너무도 당연했다. 그래서 본격적으로 책방지기가 되기로 마음먹었다. 그리고 책방지기가 된 지 벌써 7주년을 앞두고 있다.

처음 책방을 시작했을 때, 책방에서 어떻게 돈을 벌 수 있는지를 가장 먼저 고민했다. 책을 파는 것은 당연히 기본이었으니 책을 파는 것을 제외하고 할 수 있는 것이 무엇이 있을까 생각했다. 모임, 온라인 스토어, 지원사업 신청 등 생각보다 많은 아이디어가 떠올랐다.

우선 내가 가장 잘하는 것을 먼저 하기로 했다. 2009년 첫 출간한 『인조이 파리』로 시작해 여행 작가로 살아온 삶을 토대로 맺었던 여행 작가의 인맥을 활용하여, 여행에 관한 각종 모임을 열었다. 그리고 독립출판을 했던 것을 발판 삼아 출판 강의를 시작했다. 예전에는 공간을 찾아야 할 수 있던 것이, 공간이 있으니 모임을 꾸리기만 하면 될 일이었다. 다만 6.5평의 작은 곳이고, 위치가 좋지 않다는 점 때문에 많은 사람이 원하면서 소규모로 할 수 있는 모임을 위주로 꾸렸다. 그래도 오픈 초반엔 책방의 이름을 알려야 하기에 최대한 많은 모임을 개설하려고 노력했다. 적극적으로 무언가를 하다 보니 다행히 몇 가지 지원사업에도 선정되면서 원하는 것을 할 수 있는 기회가 늘었다.

더불어 책 판매도 소홀히 하지 않기 위해 최선을 다했다. 책방에 찾아온 손님들에게 한 권이라도 더 눈에 보이게 하려고 열심히 공간을 가꿨다. 보일 듯 말 듯, 소란스러운 광고도 없이 점차 구석으로 밀려들어 존재가 감춰진 책들을 바깥세상으로 보내기 위해 이리저리 자리를 바꿨다. 그런데두 오픈 초반부디 지금까시 7년의 세월 내내 머문 책들이 있었다. 언젠가 내 선택으로 이곳에 들어오게 되었는데, 누군가의 선택을 받지 못한 채 잊히는 것이 속상해서 자꾸만 그런 책을 밖으로 꺼냈다.

그리고 책 판매의 폭을 넓히고자 온라인 스토어를 함께 운영했다. 온오프라인 모임을 할 때 일정의 보상으로 포인트를 적립금의 형식으로 손님들에게 드렸는데, 적립금을 쌓아 책을 구매하는 독자가 늘면서 다양한 책들이 누군가의 손에 들렸다. 찾아보면 책을 순환할 방법은 다양했다. 작은 공간이었지만 이 공간을 돌아가게 하는 것은 책방지기의 역할이었다.

삶을 어느 방향으로 향할 것인지는 아주 잠깐의 선택이 좌우한다. 그러나 결국 돌고 돌아 다시 돌아오는 건 그냥 처음부터 하고 싶었던 것이 대부분이다. 어릴 때부터 글을 쓰는 걸 좋아했던 나는 작가를 꿈꿨고, 작가로 살면서 돈을 벌 수 있는 삶을 바랐다. 그래서 여행하며 글을 쓰는 여행 작가의 길을 걸었다. 하지만, 결국 나는 '여행'을 뺀 작가로 살기로 마음먹었다. 그런 나에게 책방지기는 가장 좋은 직업이었다. 만약 이 직업이 돈을 아예 못 버는 직업이라면 내가 행복할 수는 없을 것이다. 하고 싶은 것만 하면서 적당히 필요한 만큼만 벌면 충분한 것을 누릴 수 있기에 나에게 최고의 직업이라 할 수 있다.

내가 좋아하는 책을 똑같이 좋아하는 사람과의 만남, 나와 대화하고 싶은 사람과의 만남, 그리고 내가 하고 싶은 이야기로 모임을 꾸리는 것, 빈 시간엔 글을 쓰고 공간을 꾸미는 일, 이런 내 삶이 참 좋다.

처음 책방을 시작했을 때, 10년의 계획을 세웠다. 딱 10년만 책방지기로 살기로 마음먹었다. 그 말은 최소 10년을 해내자는 의지이기도 했고, 10년이 지나면 책방이 아닌 다른 것을 해보고 싶다는 꿈이기도 했다. 그런데 어쩌면 그 계획은 거대한 것이 아닌 소심함이었을 것이다. 지속하다 보면 자연스럽게 책방이 겉으로 드러날 때가 올 거라며, 조용하게 고요한 마음으로 버티겠다는 다짐이었다. 그리고 어떤 일이든 10년을 꾸준하게 한다면 분명 그 성과는 있을 것이고, 혹은 망하더라도 10년을 채우고 장렬히 전사하려는 마음도 있었다.

10년의 세월 중 벌써 7년이 흘렀고, 목표한 기간엔 고작 3년도 안 되는 시간이 남았다. 과연 이 시간은 나에게 어떤 의미였을까 되돌아본다. 내 삶이 더 나아졌을까, 혹은 힘들어졌을까. 만약 그 지표를 수입으로 알 수 있다면, 그동안 금전적으로 돈을 크게 번 적은 없었지만, 생계를 유지하면서 대출금을 다 갚을 수 있을 만큼은 벌었으니 허덕이는 삶은 아니었다. 그리고 내 삶의 가치관만 지킬 수 있는 정도라면 나는 꿈을 이뤘다 할 수 있다. 그러니 목표한 10년을 채우는 것에 부담은 없다.

7년 전으로 돌아간다고 해도 나는 책방을 열 것이다. 다시 처음으로 돌아간다면 7년의 세월에 겪었던 시행착오를 줄여 최대한 빠른 시간 내에 더 많은 수익을 바랄 수도 있을 것이다. 하지만 그래도 나는 시행착오에 힘들었던 그 시간이 좋았다. 초반엔 누가 올지 설레면서도 걱정하던 그 시간이 설레었고, 책을 하루에 한 권도 못 파는 날이 있어도 그런 날이 있었기에 더 열심히 뭐라도 할 수 있었다. 코로나로 사람들을 만날 수 없을 때 위기를 맞기도 했지만, 고요함 속에서 스스로를 돌아볼 수 있어서 좋았다. 그리고 사람에게 상처받았다가 사람에게 치유받았던 때도 지나고 나면 나에게 꼭 필요한 시간이었다. 그런 순간들을 지나면서 나는 성장했고, 현재에 다다랐다. 그리고 내 경험은 앞으로 더 빛날 나의 길을 만들어줄 것이다. 남은 시간 어떤 이야기가 또 만들어질지 궁금해진다.

낭만은 무슨 색일까

 낭만은 눈으로 볼 수 없으므로 당연히 잡을 수도 없다고 생각했었다. 만약 눈에 보인다면 낭만을 충분히 잡고 살겠다고 마음먹기도 했었다. 그러다 문득, 볼 수 없다면 볼 수 있게 만들면 되고, 잡을 수 없다면 잡히는 걸 찾으면 된다고 생각했다. 정형화된 틀 속에 가두는 것이 아니라 상상을 채울 수 있는 무언가를 창조한다면 그걸 낭만이라고 부르겠다고 말이다.

 커다란 도화지를 꺼냈다. 어디서부터 어떻게 표현할지 고민하다가 낭만을 색으로 표현한다면 무슨 색일까 떠올렸다. 되돌아가고 싶은 색, 과거의 색이지만 현실에서 찾고 싶은 색이라고 말한다면, 몽롱한 채 흐릿한 눈에 비친 그런 색일 것이다. 보라색에 가까운, 그러나 적빛, 아니 잿빛처럼 모호한 색으로 표현하고 싶다가도 노란 형광 빛, 또는 핑크빛이길 바란다. 아니면 무채색의 백색 혹은 까만색일 수도 있다. 투명할 수도 있고 불투명할 수도 있다. 어쩌면, 평면적일 수도 있고 입체적일 수도 있다. 다만, 나에게 낭만이 무슨 색이면 좋을지 묻는다면 그냥 딱 블루면 좋겠다고 생각했다. 하나의 색으로 표현하고 싶지 않았는데 왜 갑자기 하나의 색이 떠오를까 의아하며 책방 입구 유리문 밖을 바라보니 굵은 비가 어둑어둑 내리고 있었다. 낭만은 그날의 감정에 따라 다른 색을 떠올린다. 결국 나는 도화지에 아무런 그림도 그리지 못한 채 종이를 덮었다.

이번엔 잡을 수 있는 무언가를 만들기로 했다. 우선 낭만의 촉감을 떠올렸다. 낭만은 딱딱할까 말랑할까, 뭉쳐 있을까 흩어져 있을까. 그냥 툭툭 치면 바람에 날아갈 것 같은 가벼움과 묵직하게 한 자리 차지하고 오래 버틸 것 같은 무게감이 동시에 있는 것, 고정된 형태가 아니라 어디에 넣어도 다 쏙 들어가는 자유로움의 성질을 가진 것, 그런 것을 만들어야 했다. 그러나 할 수 없었다.

보이거나 만져지거나 무엇도 완성하지 못했지만, 나는 날씨에 의해, 책방에 흐르는 공기와 온도에 의해 낭만의 다채로운 빛을 만났다. 그것으로 충분했다.

책방 오픈을 준비할 때, 공간을 계약하고 곧바로 조명을 고민했다. 인테리어 할 때 공사 담당자들에게 원래 있던 조명을 화장실을 제외하고 모두 없애 달라고 요청했다. 그리고 레일 조명을 달아서 몇 개만 은은하게 비추고 싶다고 했다. 하지만 공사 담당자들은 끊임없이 물었다. 진짜 다 없애냐고. 후회하지 않겠냐고. 나는 계속 대답했다. 깔끔하게 없애 달라고, 괜찮다고, 후회하지 않겠다고.

레일 조명의 위치를 정해주고, 은은한 노란빛의 LED 조명을 달아 달라고 요청했으나 공사 담당자들은 은은하지 않은, 얼굴의 모공 위치까지도 셀 수 있을 만큼 밝은 색의 전구를 잔뜩 달아 놓았다. 서점이니까 당연히 조명이 밝아야 한다고 하면서 가장 밝은 전구로 달았다고 해맑게 말씀하시는 담당자분들에게 아무 말도 하지 못했다. 그저 곧장 이케아로 달려가 사이즈에 맞는 은은한 전구를 구매해 교체했을 뿐이다. 교체한 것을 본 공사 담당자들은 너무 어둡다고 걱정했지만, 나는 밝은 것이 꼭 좋은 것이 아니라고 설명할 자신은 없었다.

사람들이 책방에 들어왔을 때, 백색 가득한 사무실에서 벗어난 느낌을 받았으면 했다. 지친 눈의 피로를 쉬어갈 수 있도록, 아니 잠시 잠들어도 눈치채지 못할 그런 조명이면 좋겠다고 생각했다. 글씨를 읽을 때 밝은 불빛에서만 잘 보이는 것이 아니기 때문에, 은은한 조명 아래서 흘리듯 읽는 책들을 볼 수 있는 공간이면 충분하다고 여겼다. 그리고 여기 모인 사람들이 서로의 보고 싶지 않은 부분을 볼 수 없게 조명이 밝지 않길 바랐다. 여행의 피로, 명절의 피로, 불면증의 피로, 열정의 피로, 음주의 피로… 모든 종류의 피로가 싹 풀리는 그런 곳이길 바라며 조명을 낮췄다.

책방이 단순히 책을 파는 공간을 넘어서 모두의 쉼과 위로가 깃든 공간이어야 했다. 그래서 눈에 보이는 낭만을 만들기 위해, 무엇보다 전구의 빛을 중요하게 생각했다. 처음에는 손님들이 어둡다고 말하기도 했지만, 점차 은은한 조명을 더 좋아하는 손님들이 찾아왔고, 이제는 아무도 '어둡다'라고 말하지 않는다. 이 공간에 익숙해졌거나, 각자의 낭만을 이곳에서 하나씩 발견했기 때문일 것이다. 보이지 않고, 잡히지 않더라도 책방에 늘 머무는 낭만은 조명을 타고 조용하고 은은하게 모두에게 스며든다. 책방지기로서 내가 느끼는 낭만의 색을 손님들도 고스란히 느낀다면 그것은 이 공간에서 내가 얻을 수 있는 최고의 행복일 것이다.

같은 조명이라도 시간에 따라 그 밝기가 다르게 보이거나 빛의 강도가 달라지는 것은 낭만이었다. 낮에는 존재조차 모르던 주황빛이 서서히 올라오는 오후에는 밖이 어두웠다. 시간과 날씨의 분위기에 따라 시시각각 달라지는 공간이 나는 참 좋았다.

낭만이 머무는 공간

들어가 있기만 해도 저절로 마음이 편안해지는 곳, 촛불을 켜지 않아도 촛불 앞에서 솔직해지는 마음을 만나게 되는 곳, 같은 취향을 가진 사람들과 끊임없는 수다를 떨 수 있는 곳, 책이 있는 곳, 사랑하는 사람과 함께 가고 싶은 곳, 따뜻함과 잔잔한 음악이 있는 곳, 그 누구도 대신해 줄 수 없는 감정을 만나게 되는 곳에 낭만이 머문다. 온라인으로 모든 것을 할 수 있는 세상에 굳이 모여 앉아 이야기를 나누고자 하는 사람들에게 공간은 낭만 그 자체인 셈이다.

그리고 나는 마음속에서 가장 낭만적이라고 느꼈던 순간이 언제였나 오래전 기억을 들추었다. 가장 먼저, 등 뒤에서 따뜻한 햇살이 내리쬐고 눈앞에는 맑은

하늘과 멋진 풍경이 보이고 설렘이 느껴졌던 순간이 떠올랐다. 높은 산을 넘어야 했던 때 힘들게 올라간 그곳에서 바라본 풍경에 저절로 아름답다고 말하던 그 순간으로 내 기억이 나를 데려갔다. 저 멀리 보이는 곳까지 걷는 것이 힘들 법도 했지만 나는 그 길을 걸었고, 도착했고, 마음이 단단해졌다. 전기가 부족했지만 별을 볼 수 있었고, 먹을 것이 많지 않아도 나눠 먹을 수 있던 그때는 가질 수 없는 것보다 누릴 수 있는 것이 훨씬 많았다. 그다음으로는 높은 빌딩 숲에 답답한 매연에도 힐링 되던 순간이 떠올랐다. 정장을 입고 모두가 바쁘게 걷는 도시의 한가운데, 나는 어느 노천카페에 앉았고, 내 앞에는 따뜻한 커피 한 잔이 놓여 있었다. 커피 맛이 좋았는지 어땠는지는 중요하지 않았다. 바쁜 일상 속 나만 혼자 여유롭다는 사실에 기분이 좋았다. 모두가 분주한 그 속에서 나만 혼자 멈춰 있다는 고요함이 편안했다. 어디 멀리 떠나지 않아도, 일상에서 잠시 쉼표를 찍는 순간이 어쩌면 전혀 다른 세상으로 향하는 길일 수 있다. 그냥 마음만 다르게 먹어도 그곳은 여행지가 되고 과거가 되고 미래가 되고, 현실이 된다.

    나는 내 삶에서 낭만을 놓지 말기로 마음먹었다. 그래서 답답한 순간 과감하게 책방 문을 닫고 여행을 떠났고, 일이 바쁜 순간 모든 걸 내려놓고 하루이틀 쉬어가는 시간을 만들었다. 마음이 앞서나가려고 할 때, 사람들에게 친절한 인사를 건네기 힘들 때, 잠을 자도 피로가 풀리지 않은 순간엔 꼭 쉬어가자고 다짐했다. 행복하기 위해 시작한 일이 힘들지 않도록 최선을 다했다.

그러나 낭만은 언제나 때가 있었다. 늘 그 자리에 있던 것도 변하는 때가 있고 사라진 것이 다시 생겨날 수도 있다. 떠나야 할 때와 쉬어야 할 때가 있고 제자리에 있어야 할 때가 있다. 그래서 사람들이 낭만의 시절을 놓치지 않게 이곳에 올 때마다 세상이 멈춰진 감정을 느끼며 동시에 계절의 변화를 알아채길 바랐다.

오픈 후 곧바로 크리스마스 시즌이어서 계절과 시즌의 변화를 알아차리도록 책방에 크리스마스트리를 가져다 놓았다. 적당히 잘 보이는 큼직한 것을 다락방에 하나 놓고, 작은 트리들은 일 층과 여기저기 놓았다. 반짝이는 전구와 장식을 달고, 책방 곳곳에도 빨간색과 초록색으로 크리스마스 색을 잔뜩 배치했다. 오픈 초반이라 아직 많은 것이 채워지지 않았기에 이런 장식을 한다는 것만으로 설레었다. 책방에 새로운 옷을 입히는 것처럼 좋았다. 무언가를 채워 넣기만 하던 시절이라 크리스마스트리의 존재가 너무 반가웠다. 다만, 그 겨울이 끝나기 전, 가장 큰 고민이 생겼는데 그건 바로 크리스마스트리를 과연 언제 치우냐는 문제였다. 크리스마스에 무엇을 했는지 기억에서 잊힐 때쯤 크리스마스트리를 치워야겠다고 마음먹었으나 겨울

내내 마치 처음부터 그 자리에 있던 것처럼 한쪽에 깊이 스미든 무언가를 치우는 것이 쉽지 않았다. 처음부터 쭉 있던 것처럼, 원래 없었던 가을의 풍경이 생각나지 않았기 때문이다. 게다가 반짝이던 것을 치우면 빛이 사라질까 봐 마음이 싱숭생숭했다. 그렇다고 철 지난 크리스마스트리를 일 년 내내 세워둘 수는 없는 노릇이었다. 하지만 늘 그렇듯, 허전할 것 같은 마음은 순간뿐이다. 무언가가 사라지면 그 자리에는 또 다른 것이 채운다. 내 삶의 모든 순간 그랬다. 괜한 미련 때문에 적절할 때 보내야 할 순간들을 질질 잡고 있던 것이 많았다. 그 사실을 알고 있었지만, 언제 치우는 게 적당한 것일지 결정하는 데까지 시간이 걸렸다. 결국 설날이 지난 후에야 크리스마스트리를 치우는 것에 성공했다.

그런데 그 고민은 그때뿐이었다. 다음부터는 크리스마스트리를 치우느냐의 문제는 아무것도 아니었다. 일 년이라는 시간이 지나면서 세월이 흐른 만큼 공간에 많은 것이 쌓였기 때문이다. 책장이 늘었고, 책이 빼곡해졌고, 테이블도 많아졌고, 소품도 많았다. 그래서 겨울 시즌에는 크리스마스트리를 어디에 놓아야 할지가 더 크게 고민되었다. 오히려 치우는 것이 더 간단했다.

공간을 채우거나 비우는 것의 고민 범위가 달라진 것처럼 손님에게 건네는 말도 변했다. 첫 크리스마스에는 이 공간이 한가하게 비어 있어서 당신의 추억이 더해져야 공간이 꽉 찰 것이라고 말했는데, 그다음 해에는 꽉 찬 상자에서 편안함을 느끼는 고양이처럼 당신에게 이 공간도 꽉 맞았으면 좋겠다고 말했다.

처음에는 책방을 찾는 손님들의 작은 시선까지도 신경 쓰이던 것이, 언젠가부터 크게 개의치 않았다. 책방을 가장 오래 머무는 내가 편안한 공간이길 바랐고, 내 취향이 최대한 반영되길 바랐다. 새로운 손님을 기다리며, 그 손님도 내 취향과 같기를 기대했을 뿐이다. 점차 타인의 눈치를 보던 공간이 아니라, 나로 채운 공간으로 서서히 변했지만 오히려 사람들은 "여기 낭만적이에요."라고 말했다.

낭만은 억지로 만들 수 없었다. 당장 느껴지는 것도 아니었다. 시간이 지난 후, 비로소 알게 될 때가 훨씬 많았고 수많은 감정 중에 하필 '낭만'이라고 말해야만 비로소 그곳이 낭만의 공간이 되었다.

추억하는 공간에 관하여

 딱 한 번뿐이라도 시간이 지나도 절대 잊을 수 없는 기억이나 공간이 있다. 가슴을 움직이는 무언가가 있을 때 오래도록 그 여운이 머문다. 어떤 공간에 오랜만에 찾아갔을 때 여전히 그곳이 그대로 남아 있다면 추억에 추억을 더해 한 시절을 대변한다.

 내가 좋아했던 공간은 꼭 엄청난 장소가 아니었다. 주로 멈춰 있지만 멈춰지지 않은 공간을 좋아했다. 예를 들어 지하철 같은 곳 말이다. 특히 파리에서 살던 때 가장 좋아했던 구간은 센 강 위를 흘러가는 지하철 차창으로 에펠탑이 보이는 곳이었다. 유람선을 타거나 어둑한 시간 자동차를 타고 보이는 도시의 풍경도 사랑했다. 물론 파리 센 강변의 작은 책방 의자에 앉아 책을 읽는 것과 마레 지구의 작은 서점을 찾아 구경하는 재미도 좋아했다.

파리에서 돌아와서 한국에서 여행 작가의 일을 시작했을 때는, 홍대 입구 부근의 한 카페를 좋아했다. 문 열 때 가서 모닝커피 한 잔을 주문하고 하루 종일 있다가 가도 눈치를 주지 않았던 곳, 심지어 천 원만 더 주면 커피를 리필해 주던 곳이었다. 가끔 점심 먹고 오겠다고 가방을 맡기고 돌아다녔고, 때때로 그곳에서 파는 라면으로 식사를 때우기도 했다. 일 년 가까이 그곳에서 머물며 첫 책을 썼다. 여러 계절을 보내며, 다양한 날씨처럼 유난히 글이 써지지 않는 날과 완성된 원고가 마음에 들었던 날이 교차했다. 커피가 유난히 맛있던 날과 커피를 마시고 싶지 않았던 날의 변화를 겪으며, 포근한 안쪽 소파 자리와 딱딱한 테이블 의자를 번갈아 앉으며 꽤 오랜 순간 내 첫 책을 위한 마음을 썼다. 카페는 지금 사라졌다. 그렇지만 내 마음에는 여전히 그 안에서 만든 삶이 고스란히 남았다. 멈춰 있거나 흐르는 공간이 아니더라도 오래 머물 수 있었던 공간에서는 그 안에 머문 시간만큼 마음이 많이 동한다.

그래서였나, 내 책방도 그런 공간이길 바랐다. 고요하지만 누군가의 삶이 흐르는 그런 공간 말이다. 그래서 사람들이 오래 머물며 자신의 역사를 만들어 나가길 바랐다. 시간이 흐른 후, 내가 더 이상 책방지기가 아닐 때, 어디선가 누군가 내가 만든 책방에서의 추억

이야기를 듣는다면 그건 내 삶의 가장 황홀한 순간이 될 테다.

빠르게 변하는 시대에 굳이 많은 변화가 필요하지 않은 일을 하면서도 실시간으로 바뀌는 계절에 맞춰야만 사람들은 이곳이 '여전하다'라고 느낀다. 여름에 겨울옷을 입고, 겨울에 여름옷을 입는 것이 오히려 낯설게 느껴지는 것처럼 책방의 모습도 계절에 맞게 흘러가야 한다. 추울 땐 따뜻하게, 더울 땐 시원하게 제 계절에 맞는 온도를 맞춰야만 사람들이 이곳에서 편안함을 느낀다. 어두워지면 조명을 높이고, 여름엔 밝은 음악을 틀고, 비가 내리면 우산꽂이를 꺼내놓으며 계절과 날씨에 맞게 변화할 때 사람들이 이곳에서 자신의 시간을 충분히 보낼 수 있다. 책의 변화도 마찬가지다. 매일 오는 사람들이 큰 변화를 느끼지 않을 만큼만 딱 변화를 주어, 신간을 적절히 들여놓는 것도 중요했다. 적절하다는 표현은 너무도 모호한 표현이겠지만, 모든 변화는 사람들에게 은은하게 찾아가야만 익숙해서 더 좋아했다. 그렇게 사람들이 이곳에서 위로받고, 사랑하고, 꿈을 찾고, 인생의 어떤 결심을 하며, 오래 기억하길 바랐다.

음악과 낭만

'온전히 음악 감상으로 시간을 써본 적이 언제였을까?'

까마득한 옛날, 그러니까 아직 스트리밍 서비스가 없던 시절 CD 플레이어에 음악을 담아 듣고 또 들었던 시절이 있었다. 한 장에 10곡 정도 담기던 CD에 내가 좋아하던 음악을 순서대로 담아 구운 후, 플레이어에 넣고 유선 이어폰을 귀에 꽂았다. 매일 음악 CD를 만들 수 없었기에 같은 음악을 주야장천 들었다. 그러나 같은 노래를 듣고 또 들어도 그 노래를 어디서 듣는지에 따라 달라지는 것, 그건 내 시선이 어디를 향하는지에 따라 보이는 것과 볼 수 있는 것이 다른 것과 비슷했다. 가장 많이 음악을 들었던 순간은 아무래도 버스나 지하철을 타거나, 기차나 비행기를 탈 때, 그리고 걸어 다닐 때였다. 주로 온전히 혼자인 순간에 눈과 몸이 쉬고 싶을 때가 음악 듣기 가장 좋은 순간이었고, 온 감각을 음악에 맞출 수 있었다.

혼자 음악에 빠져 있던 시절을 지나니, 사람들과 같이 감정을 나누고 싶었다. 지금은 유튜브나 틱톡 등 다채로운 라이브 콘텐츠와 블로그나 인스타그램 등 SNS가 넘쳐나는데 그땐 고작 하이텔과 천리안을 벗어나서 고속 인터넷이 막 시작하던 시절이라 누군가와 소통하는 것이 쉽지 않았다. 그나마 음악 방송이 가능한 세이캐스트가 있었다. 스트리밍으로 내 컴퓨터에서 음악을 틀면, 온라인으로 실시간 전송이 되어 사람들과 같은 음악을 듣고 소통하는 방송이었다. 나도 방송을 시작했다. 다만, 인터넷망이 불안정해서 끊기기 일쑤였다. 그래도 우리에겐 음악이라는 연결 고리가 있어서, 인터넷이 끊기는 건 아무 문제가 아니었다. 그 당시 나는 '플라워' 밴드를 좋아했다. 그리고 드라마 '네 멋대로 해라'와 '소울메이트'의 OST를 정말 좋아했다. 가지고 있는 음악 MP3가 많지 않으니까 내 방송에선 무한 반복하는 음악은 뻔했다. 처음에는 내가 듣는 음악을 좋아하는 사람들이 많아서 다행이었는데, 매번 같은 노래만 반복할 수 없어서 서로가 가진 다양한 음악을 공유하기 위해 크루를 모았다. 몇 명의 크루가 각자 시차에 맞춰 24시간 끊기지 않는 방송을 이어 나갔다. 나는 파리에 살았기 때문에 한국 시각으로 주로 새벽 시간

타임을 맡았고, 한국에 사는 사람들은 서로의 일과에서 한가한 시간대를 맡았다. 얼굴을 본 적 없는 사람들과 오직 음악의 취향으로 모여, 각자의 시간에 맞춰 24시간 돌아가는 하나의 방송을 꾸리며, 해외 생활의 활기도 생겼다. 어쩌면 파리에서 살았던 2000년대 초반의 삶이 낭만으로 느껴지는 게 음악과 사람과 소통이 있었기 때문일지도 모른다.

어떤 기억은 오랫동안 머릿속에 머물고, 어떤 순간은 기억에서 사라진다. 기억이라는 건 단순한 상황이 아닌 그 당시의 감정과 공기, 온도, 날씨와 소음 등 모든 것이 다 맞물려 남게 되는 것이니까 그 모든 것이 교묘하게 어울리지 않는다면 스스로 소멸한다. 그리고 난 그 기억의 대부분이 음악이었다. '어떤' 음악을 들었던 장소, '어떤' 사람과 함께 음악 이야기를 했던 시절, '어떤' 가수를 좋아했던 순간들이 모두 내 시절의 타임라인이 되어 흐른다.

나에게 음악이 단순히 배경이 아닌 시절의 기억을 간직한 장치였기에, 책방을 운영하면서 오픈과 동시에 가장 먼저 한 것은 플레이리스트 만들기였다. 책방에 오는 손님들의 첫인상을 좌우할 노래를 선택하며, 매달 플레이리스트를 바꿨다.

그래서 책방에는 언제나 내가 선택한 노래들이 나온다. 하비누아즈, 루시드 폴, 옥상달빛, 홍대광, 한올,

윤종신, 김진아, 에피톤 프로젝트, 안녕하신가영, 강아솔… 좋아하는 가수들이 너무 많아서 가수들의 음악을 섞고 또 섞었다. 이런 노래의 감성이 사람들의 귓속에서 책방의 분위기를 만들어 음악과 함께 공간이 오래도록 마음에 남길 바랐다. 특히 다락방에서 적당한 소음 속에 바닥 아래에서 음악 소리가 희미하게 흘러 들리도록 하고 싶었다. 흥미로운 이야기를 몰래 엿듣는 것처럼 짜릿하게 노래 가사가 누군가의 귀에 닿길 바랐다. 그래서 다락방에는 스피커를 설치하지 않았다.

최근에는 다락방에서 듣고 싶은 노래를 신청할 수 있는 노트를 만들었다. 듣고 싶은 노래를 신청곡으로 적으면 언젠가 그 노래를 틀어준다. 아직 많은 신청곡이 쌓이진 않았지만, 언젠가 신청곡만으로도 이 공간이 채워지길 바라며 사람들이 이곳에서 듣고 싶어 남겨 놓은 노래와 사연을 읽는다. 누군가는 여행을 떠나고 싶다며 김동률의 〈출발〉을 듣고 싶다고 신청했고, 누군가는 고양이 노래가 듣고 싶다며 고양이를 소재로 한 노래를 신청했다. 그 사연과 노래 제목을 읽을 때, 어린 시절 캐스트로 사람들과 노래 이야기를 나누던 때가 떠오른다. 같은 시간 같은 노래를 듣는 건 아니지만, 같은 공간에서 서로 좋아하는 노래 이야기를 나눈다는 것은 열악함에도 같은 감성을 나누고 싶었던 옛 기억을 떠올렸다.

책방에 흐르는 노래,
신청곡과 추천곡 사이

첫 번째 플레이리스트

책방은 신축 건물의 상가에 들어오는 첫 번째 가게였다. 계약할 때까지 공사가 마무리되지 않을 것을 알긴 했지만 그만큼 책방 오픈을 준비하는 데 시간을 더 써도 될 것 같아 괜찮았다. 하지만, 건물 공사가 생각보다 길어졌고, 계약 이후 한 달이 다 되어서야 겨우 영업을 시작할 수 있었다.

책방이 오픈했던 2018년 10월 26일은 덥지도 춥지도 않았다. 그러나 곧 다가올 겨울을 맞이할 준비를 했다. 가장 먼저 했던 것은 책방의 첫 배경음악이 될 플레이리스트를 만드는 거였다. 이 공간에 가장 잘 어울리면서 첫 손님에게 들려드릴 선물 같은 음악을 선택하는 것이 내 첫 업무인 셈이다. 가을에서 겨울로 넘어가는 분위기에 잘 어울리면서 잔잔하게 흘러 책을 읽으며 듣기 좋은 노래를 찾았다.

하비누아주의 〈오늘도 추억의 한 조각이 되겠지〉
짙은 〈해바라기〉
루스드폴 〈바람, 어디에서 부는지〉
위수 〈누군가의 빛나던〉
안녕하신가영 〈지금이 우리의 전부〉
곽진언 〈응원〉
최한솔 〈그대 오늘도 잘해냈어요〉
곽푸른하늘 〈읽히지 않는 책〉
폴킴 〈길〉
멜로망스 〈우리 잠깐 쉬어갈래요〉
한여유 〈나는 가끔 사랑이 무엇인지를 몰라〉
홍대광 〈My Room〉
유지희 〈내가 다독여줄게〉
스텔라장 〈요즘 청춘〉
디셈버 〈혼자 왔어요〉
브라더수 〈팔베개〉
윤딴딴 〈니가 보고싶은 밤〉

어느 겨울, 우연히 서울역 부근에서 점심을 먹었을 때 듣고는 기억에 새겨진 디셈버의 〈혼자 왔어요〉를 가장 먼저 선곡했고, 마음을 울리는 노래를 들려줘 자주 공연을 보러 갔던 전철민 가수가 추천했던 브라더수의 〈팔베개〉도 플레이리스트에 담겼다. 어느 서점에서 본 공연으로 기억에 새겨진 하비누아주의 〈오늘도 추억의 한 조각이 되겠지〉 노래도 빠질 수 없었다. 너무 좋아하는 목소리를 가진 스텔라장의 〈요즘 청춘〉은 겨울보다 봄이 더 어울리긴 했지만 책방의 첫 시작을 여는 플레이리스트에 빠지면 아쉬울 것 같아 넣었다.

이 노래들은 연말까지 책방의 스피커로 매일 흘렀다. 은은하게 채워진 노래들은 이 공간의 첫인상이 되었다.

여기는 서점이라고 하기엔 책이 부족해 보였고, 카페라고 하기엔 메뉴가 부족한 곳에 딱히 테이블과 좌석도 정해져 있지 않았다. 사람들은 그냥 아무 데나 자리를 차지하고 앉았다. 그러다가 한 테이블에 여럿이 앉아도 불편함 없이 양보하며 친해지는 사람들이 생겼다. 커피를 마시러 오거나 책을 사러 오지만 그런 것은 핑계일 뿐 사람들은 그저 여유를 발견하고 싶었을 뿐이다. 이 공간에 너무 잘 어울리는 노래들이 책방의 첫 겨울을 포근하게 감싸줬다.

힘이 되어 준 노래들

　소란한 겨울이 지난 후, 차가움이 극도에 다다를 때 일월이 시작한다. 각종 공과금과 세금까지 모두 내면 빈털터리가 되어서 어떻게 먹고살아야 할지 고민하다가 그때야 비로소 플레이리스트를 재정비했다. 첫 플레이리스트를 만든 후 벌써 21번째다.

　차가운 겨울의 한가운데여서 그런 것인지, 잠 못 드는 밤이 많아서 편하게 잠들고 싶어 그랬는지, 이번 플레이리스트에는 '밤'과 '잠'이 많았다.

김동률 〈잔향〉
온유, 이진아 〈밤과 별의 노래〉
권진아 〈오늘 뭐 했는지 말해봐〉
AKMU 악뮤 〈오랜 날 오랜 밤〉

방탄소년단 〈Blue & Gray〉
오웬 〈난 당신의 고요함이〉
카더가든 〈우리의 밤을 외워요〉
어반자카파 〈코끝에 겨울〉
Sondia 〈어른〉
이승열 〈스물 그리고 서른〉
이예린 〈첫 눈빛〉
나인 〈잘자요〉
죠지 〈바라봐줘요〉
406호 프로젝트 〈없던 일〉
적재 〈따듯해〉
스웨덴세탁소 〈그 겨울〉
디에이드 〈빛〉
이영훈 〈일종의 고백〉
김유나 〈잠들고 싶지 않아〉
최유리 〈모닥불〉

드라마를 워낙 좋아하는데 드라마 〈악마가 너의 이름을 부를 때〉를 보다가 들었던 Sondia의 〈혼잣말〉에 한동안 빠져 있었다. 그러다 〈어른〉이라는 노래에까지 닿았다. 이 노래는 〈나의 아저씨〉의 OST였다. 겨울이었지만 한 해의 첫 플레이리스트로 시작하는 거니까, 왠지 어울릴 것 같아서 이 노래를 가장 먼저 선곡했다. 그리고 너무 좋아하는 노래 중 하나인 나인의 〈잘자요〉도 이번 플레이리스트에 꼭 넣고 싶었다. 그리고 목소리가 좋은 카더가든의 〈우리의 밤을 외워요〉를 빼놓을 수는 없었다.

겨울에 어울리는 여러 노래들이 하나의 플레이리스트에 엮여 2023년의 첫 시작을 잔잔하게 채워 주었다.

겨울은 길었다. 차가운 공기가 따뜻해질 것 같으면 찬 바람이 불었고, 무언가 따뜻해질 방법을 찾았다.

어떤 노래가 추억이 된다면 과연 그 추억은 노래 때문일까 그날의 이야기 때문일까, 아니면 그곳 때문일까. "노래가 선곡이 마음에 들어요!"라고 책방을 나가는 손님이 이야기했다. 내가 힘을 얻기 위해 노래를 선곡했지만 누군가는 이 노래들을 들으며 같이 힘을 얻었다고 말하는 걸 들으며, 나 또한 힘이 났다. 얼어붙은 마음에 노래가 불어와 봄까지 나를 따뜻하게 안아 주었다. 책방의 플레이리스트는 마음의 난로였다.

책방에 도착한 신청곡

 초창기에는 매달 새로운 플레이리스트를 만드는 재미가 좋았다. 그달의 플레이리스트를 프린트하여 벽에 붙여놓기도 했다. 그러나 책방 업무가 많아지면서 플레이리스트를 만드는 것을 자주 잊었다. 그러다 보니 점차 매번 흐르는 노래만 반복해야 해서 아쉬웠다. 그래서 어떻게 하면 좋을까 고민하다가 손님들에게 신청곡을 받아 꾸리면 어떨지 생각했고, 곧바로 다락방에 '신청곡과 사연집' 노트를 가져다 놓았다.

 종종 다락방에 머무는 손님들은 그곳에 놓인 'Q&A 질문과 대답집'과 '꿈 나눔 노트'에 끄이는 걸 좋아했다. 거기에 신청곡 노트가 더해지니 사람들의 호기심을 또 자극했다. 그래서 시간이 흐르면서 '신청곡과 사연집'에는 노래가 많이 쌓였다. 노래도 노래이지만 그 노래를 신청한 사연이 좋았다.

"20대가 되고 나서 이제 어른이 되었다는 현실이 설레기도 두렵기도 했는데 이제는 두렵기만 해요. 20대 후반을 달려가고 있는데 이 노래를 듣고 위로를 얻었어요."

"잊고 있던 좋은 기억들이 자연스레 떠오르기를 바라며, 가장 힘든 시기에 가장 힘이 되었던 노래를 공유하고 싶습니다."

"이 곡을 들으며 이별의 상처를 치유하고 잊었어요. 지금은 그때만큼 힘들지 않지만 가끔 날이 흐리거나 우울할 때 들으면 위로가 됩니다. 다른 분들에게도 위로가 되길."

"그냥 내가 그렇게 살아가는 것 같아서, 내 얘기 같아서, 슬프지만 또 위로받는 느낌이라서 다음에 방문할 때 책방에서 나오면 더 따뜻할 것 같아요."

"인생은 꿈, 자아가 비대할수록 우울해지기 쉬운 것 같아요. 내 삶에서 이고 지고 있는 나를 좀 덜어내려고 노력 중인데 쉽지 않네요. 우연이 들었던 이 노래를 듣고 가사가 많이 공감되었어요."

"끝까지 우울하던 날, 세상에 혼자인 것 같았는데 유일하게 공감하고 위로받았던 노래를 신청해요."

"우연히 듣고 플레이리스트에 넣었어요. 언제 어느 곳에 있어도 여름밤을 가져오는 신기한 노래인데 가끔 비현실감을 느끼게 해주죠. 그런데 여기도 그런 것 같아요. 다른 세계에 온 것 같거든요."

"인생이 짧다고 느껴집니다. 무언가 하고픈 게 아직 있어서겠죠. 점점 추억할 시간이 늘어나고 만들어 갈 시간은 줄어들겠지만 슬퍼만 하지 말고 안타까워만 하지 말고 잘 지내다 가보렵니다. 사계절은 흐릿해져도 우리 각자는 또렷이 살아보자고요."

"세상에 혼자인 것 같았는데 노래가 유일하게 저를 위로해 주었어요."

    박소은 〈너는 나의 문학〉
    밍기뉴 〈나의 모든 이들에게〉
    적재 〈바람〉
    제이래빗 〈요즘 너 말야〉
    허회경 〈그렇게 살아가는 것〉
    유재하 〈가리워진 길〉
    NCT U 〈Marine Turtle (Korean Ver.)〉
    이아람 〈낭만이 필요해〉
    이무진 〈자취방〉
    이예린 〈사람은 이상하고 사랑은 모르겠어〉
    김수영 〈달이 나만 따라오네〉
    off the menu 〈달력〉
    김여명 〈방백〉
    마크툽 〈유리의 성〉

장들레 〈가족들에게〉
YB (윤도현밴드) 〈흰수염고래〉
W&Whale 〈Stardust〉
나상현씨밴드 〈은방울〉
정새벽 〈나의 편〉
페퍼톤스 〈New Hippie Generation〉
스텔라장 〈카페인〉
9와 숫자들 〈북극성〉
이상은 〈언젠가는〉
소수빈 〈머물러주오〉
버둥 〈꿈에〉
존박 〈꿈처럼〉
선우정아 〈삐뚤어졌어〉

 중복된 노래가 있거나 사연 없이 노래 제목만 있는 페이지가 있었지만, 대체로 사람들은 노트에 노래와 함께 추천 이유를 적었다. 책방에 온 손님이 적은 이야기이긴 해도 누가 적었는지 알 수 없었다. 나와 아무런 연관이 없는 사람일 수도 있고, 친한 지인일 수도 있다. 누가 쓴 이야기인지 상관없이 노트에 적힌 사연들은 모두 나와 비슷했다. 아마도 같은 취향을 가졌기에 내가 만든 이 공간에서 비슷한 노래를 듣고 싶었을지도 모른다.
 이 노래들은 단지 누군가의 신청곡이 아니라 책방

의 정체성이라고 생각했다. 그리고 내가 발매한 노래 <나와 함께 걸을래>를 추천해 준 사람도 있었는데, 이 공간을 운영하는 사람에 관해서도 관심을 주어서 고마웠다.

쌓여가는 신청곡과 사연집 노트를 가끔 들춰보며, 언젠가 빼곡하게 모든 페이지가 채워지면, 이 노트를 묶어 전시하겠다고 마음먹었다. 커다란 공간의 벽면을 사연들로 가득 채우고, 공명 속에 순서 없이 노래가 재생되는 그런 날을 꿈꿨다. 그날 그 전시에 온 사람들은 오래전 상처받았던 감정을 마주할 수도 있고, 위로가 필요한 순간을 떠올릴 수도 있다. 아팠던 과거와 설레었던 순간을 동시에 만나기도 할 것이다. 차곡차곡 재생되는 플레이리스트는 책방의 또 다른 모습으로 기억할 것이다. 그리고 다시 그곳에 놓인 방명록에 신청곡과 사연을 남기게 될 테고, 그 이야기는 책뿐 아니라 음악으로도 읽히는 책방을 만들어줄 것이다.

누군가가 남기고 간 사연과 신청곡으로 오래 이 책방의 배경음악을 만들고 싶다.

책방에서의 7년,
그 시간에 관하여

다정한 사람이 되고 싶다

책방 문을 열고 하루를 시작할 때마다 나는 혼자가 아니라고 생각한다. 혼자 일하는 것 같지만 혼자만 쓰지 않는 공간, 함께 있어도 적당한 거리의 사람들, 그 사이에 행복한 감정과 다정한 인사가 오간다.

"안녕하세요."

"안녕히 가세요."

책방지기가 된 후, 바로바로 다정하게 미소를 보내고 인사할 수 있게 수많은 연습이 필요하다고 느꼈다. 누군가에게 건넨 한마디가 오래 기억되도록 말이다.

만약 단 한마디의 말이 이곳의 기억을 다 좌우한다면, 여기서 얻은 행복이 계속 이어지길 바라는 마음을 어떻게 전할 수 있을까 고민한다.

"오늘 하루는 어땠나요?"

"당신의 마음을 이끄는 것이 무엇인가요?"

"오늘 마주한 낯선 행복이 있었나요?"

하지만 연습보다 중요한 건 기본적인 마음이다. 누군가에게 무슨 이야기를 전하고 싶을 땐, 반대로 내가 만약 이곳에 온 손님이라면 무슨 말을 들었을 때 기분이 좋을까 생각하는 것이다. 어디로 가야 할지 모를 때 결국 그 대답은 내가 가고 싶은 곳이 정답이니까 말이다. 그리고 이런 질문을 건네고 싶은 건 단순한 인사가 아니라 이 공간에 대한 기억을 오래 간직하도록 하고자 하는 마음이다.

처음 책방 공간을 꾸릴 때 책 정리보다 중요한 것이 사람들과 도란도란 이야기를 나눌 수 있는 모임 공간을 만드는 것이었다. 무작정 인사를 건네는 것보단 커다란 테이블에 빙 둘러앉아 도란도란 이야기를 나눌 수 있다면 참 좋겠다고 생각했다. 그래서 처음에는 1층에 큰 테이블을 놓고 싶었다. 하지만 6.5평의 작은 공간에서 그런 여유를 찾기는 어려웠다. 네모반듯하지도 않은 구조와 카운터와 싱크대, 냉장고와 책장, 그리고 화장실까지 있다 보니 물건을 배열하거나 커다란 책상을 놓는 건 현실적으로 불가능했다. 다락방 공간이 넓긴 했지만 좌식으로 오래 앉아 있으면 사람들이 불편할 것 같다는 내 생각 때문에, 모임이 있는 날이면 억지로 1층 공간에 가구들을 조절해서 겨우 6인이 앉을 수 있는 자리를 마련했다. 꽉 차면 움직이기 쉽지 않았지만, 최대한 사람들이 의자에 앉을 수 있는 공간이길 바랐다. 그러나 시간이 흐를수록 공간에 책장이 더 늘어나면서 1층 공간에 사람들이 앉을 수 있는 곳을 마련하는 것이 불가능해졌다. 다락방에서 좌식으로 앉는 것이 불편할지 몰라도, 조금 더 넉넉한 공간에서 편하게 모임을 하는 것이 낫겠다 싶어서 이후 모임은 다락방에서 진행했다. 그러면서 모든 모임은 '다락방에 어울리는 모임'으로 꾸려야 했다.

    다리를 쫙 펼 수 없어도 등을 기대고 앉을 수 있는 공간, 때로는 누워 있어도 좋은 공간. 나는 이곳에서 감성을 나누면 좋겠다고 생각했다. 그래서 '고민 토크'를 진행했다. '익명의 작가와 함께하는 익명의 고민 상담소'라는 제목으로 참여자를 모집했는데, 사람들은 어떤 작가가 오는지, 와서 무엇을 할 것인지조차 궁금하지 않은 듯, 신청 페이지를 열어 두자마자 몇 시간 만에 마감이 되었다. 모임 때는 각자 익명으로 자신의 고민을 적어 두면, 작가는 누구의 고민인지 임의로 꺼내 읽고, 참여자 모두가 그 고민에 대한 해답을 주는 형식으로 진행했다. 자신의 고민도 남의 고민처럼 해답을 내어놓거나 남의 고민도 내 고민처럼 상상하는 것, 우리는 다락방의 어둑한 조명 아래 서로의 고민을 이야기했다. 누가 쓴 고민인지 궁금해도 묻지 않았다.

음악을 함께 듣고 싶어서 만든 '해주는 라디오' 모임을 했을 때 참가자들이 각자의 사연과 함께 어울리는 신청곡 한 곡을 적어 내면, 작가는 그 사연을 읽고 신청곡을 틀었다. 다락방에 옹기종기 앉아, 와인이나 맥주를 한잔하면서 각자가 적은 사연과 잔잔한 음악들을 듣다 보니 아늑했고 시간 가는 줄 모르고 우리는 그 밤에 젖었다.

또 한 번은 작가와 함께 마피아 게임을 했다. 평소 만나고 싶었던 작가와 엠티를 하듯 다락방에 모여 앉아 마피아 게임을 하는 것은 참석자뿐 아니라 작가도 좋아했다. 북 토크, 낭독회에서만 독자와 만나던 시간에서 책 이야기 하나도 하지 않아도 작가와 독자가 함께 즐길 수 있어서 모두를 만족한 것이다.

생각보다 다락방은 아늑했다. 옹기종기 모여 앉긴 했어도, 작가와 나를 제외하고 10명이 넉넉히 앉을 수 있었고, 최대 15명까지 수용이 가능한 공간이었기에 일 층보다 더 많은 사람이 모일 수 있었다. 시간이 지나면서 다락방에 가구가 늘어난 이후에도 작가와 나를 포함해 최대 10명은 거뜬했다.

그리고 책방 모임에선 항상 주인공은 모두였다. 작가와의 만남이지만 작가와 독자의 경계 없이 그저 놀았다. 작가는 사회자의 역할만 했을 뿐, 모두 함께 수다를 떨었다. 그렇게 꾸준하게 책방 모임을 진행하면서 느낀 점은 참여자들은 모두 '어떤' 작가와 '무엇'을 하는지 중요한 것보다, 자기가 올 수 있는 시간에 하는 모임인지가 더 중요했다. 그래서 점차, 모임이 열리면 아무것도 묻지도 따지지도 않고 신청부터 하는 사람이 늘었다. 그래서 자주 참석하는 사람들은 서로를 알게 되었고, 작가와의 만남을 처음 해본다는 신인 작가들의 이야기에 귀 기울이는 독자들이 늘어났다.

처음에는 공간이 좁거나 불편해서 힘들 거로 생각했던 모임들을 하면서 다정함에 대해 나만의 정의를 할 수 있었다. 다정함이란 서로를 걱정하는 마음이 아닌, 서로의 눈을 바라보며 내 이야기를 하고 타인의 이야기를 귀 기울여 들어주는 마음이었다. 그러니까 정확히 말하면, 다정하기 위해 무던히 노력하는 말투가 중요한 것이 아니라, 서로의 속마음을 스스럼없이 이야기할 수 있는 장소만 있어도 충분히 우리는 서로에게 다정했다. 그리고 그런 마음을 주고받는 공간의 크기는 중요하지 않았다. 아니, 어쩌면 넓은 곳보다 좁은 공간이 더 아늑했다.

어떤 단어

어떤 단어는 누군가를, 무엇을, 시선을, 꿈을 그리고 많은 것을 떠오르게 한다. '반짝이다'라는 단어를 볼 때 각자 그 단어에서 파생하는 그림이 다르고, '자유'라는 단어를 볼 때도 각자 생각하는 그 감정이 다르다.

매일 크게 달라지지 않는 책방의 책장을 바라보면서 감정이 달라지는 것은 책의 제목 때문이었다. 사랑스러운 단어나 불편한 단어 등 책 제목에는 수많은 단어가 사용되기에 그걸 바라보는 상황에 따라 다양한 감정들이 오간다.

다정한 단어를 먼저 눈에 담다가도 지랄 같은 단어가 갑자기 먼저 눈에 들어올 때, 고개를 돌려 아무리 예쁜 단어를 찾아봐도 눈에 들어오지 않는다. 때로는 아무리 부정적인 표현이라도 그 말속에 기가 막히게 예쁜 표현을 찾아낸다. 내 마음을 내 눈이 대변하듯, 당황스럽게 늘 내 감정과 닮은 단어가 눈에 쏙쏙 꽂힌다.

처음 책방을 시작했을 때, 책장의 책들은 이 책방의 얼굴이라고 생각했다. 그래서 독자들이 들어왔을 때, 책방지기는 책을 통해 책방의 색을 보여줘야 한다고 믿었다. 그러나 시간이 지나면서 아무리 무언가를 보여주려고 하더라도, 사람들이 느끼는 시선에 따라 전혀 다른 해석이 나올 수 있다는 걸 알았다. 그래서 그 뒤로는 독자의 생각에 크게 관여하지 않기로 했다. 강요하지 않는 시선 속에 차분히 자신의 책을 고를 시간이 더 필요하다고 생각했다. 핑계였을지도 모른다. 그러나 나는 내 생각에 충실하기 위해 책장의 책을 마구 섞었다. 매일 다르게 하긴 어려우니 최소한 일주일에 한 번 정도는 책장의 책들을 순환시키며 다채로움을 추구했다.

누군가는 책방을 하면서 책 읽을 시간이 줄었다고 말했다. 하지만 나는 책방을 하면서 책 읽는 시간이 늘었다. 눈앞에 책이 잔뜩 있고, 매일 다른 책이 눈길을 끌다 보니까, 자연스럽게 책에 손이 갔다. 책방에 있는 모든 책을 다 읽지 못해도, 읽고 싶은 책들 들여다 놓았던 거라 눈길을 끄는 책은 바로 꺼냈다. 다른 업무들을 빠르게 마무리하거나 일하다 빈둥거리고 싶을 때 책을 읽기도 했다.

그런데 사실, 책방지기는 책방에 있는 모든 책을 다 알고 있어야 하는 사람이다. 자기가 들여놓은 책을 파악하고 있거나 혹은 추천해 달라고 하는 독자를 위해 권하고 싶은 책을 상황별로 나열해 보는 것도 필요하다. 그러니 책방의 다른 업무보다 중요한 것은 책을 읽는 것일 수 있다. 앞으로 닥칠 수많은 상황에 적절한 대처를 하기 위해 경험을 쌓아야 하는데, 책방에서 일어날 수 있는 가장 뻔한 상황이 '책을 추천하는 것'이니 책을 읽는 것은 너무 당연한 업무다. 삶이 단단해지기 위해 자신의 철학과 가치관을 만드는 것은 책방의 성격을 결정하기 위해서 당연히 책방지기가 좋아하는 책을 말할 수 있어야 한다.

그러면 이별한 후 울 수 있는 공간을 찾아온 손님에게 울 수 있게 슬픈 책을 권할 수 있고, 이제 막 사랑이 시작한 새내기 커플의 취향에 맞게 설레는 책을 권하기도 하며, 이미 읽은 책을 매개로 대화를 이어 나가거나 그다음 읽기 좋은 신간을 자연스럽게 추천할 수도 있다.

어떤 단어는 비단 읽는 것만 해당하는 건 아니다. 나는 책방을 하기 전부터 이미 작가로 활동하고 있었고, 독립 출판을 시작했다. 그런지 오픈 초반부터 현재까지 대부분 손님이 글을 쓰러 책방에 왔다. 이미 작가이거나 작가가 되고 싶거나 출판의 꿈을 가진 사람들의 아지트인 셈이다. 그래서 책 추천보다 글쓰기에 관한 대화를 더 많이 한다.

자주 글을 쓰러 오는 손님들은 어떤 글을 쓰고 있는지 알고 있어서 우리는 글쓰기 친구가 되어 서로의 책의 첫 독자가 될 준비를 했다. "글쓰기가 막혔는데, 여기 왔더니 해결이 되었어요!"라는 어느 작가의 이야기를 들을 때, 책방 하기 잘했다는 생각이 가장 많이 들었다. 나도 누군가와 글감에 관해 이야기하다 보면 자연스럽게 다음에 쓸 글이 술술 풀리는 점도 내 일에 만족하는 부분이었다. 책을 읽거나 글을 쓰는 건 지극히 혼자 하는 행위이지만, 그런데도 이렇게 함께 나눌 수 있는 누군가가 있다는 것만으로 진심을 다하게 된다.

그래서인지 예전에는 대부분 새벽 시간에 글을 쓰고 책을 읽었는데, 요즘은 책방 운영 시간에 책방에서 글을 쓰고 책을 읽는다. 청소나 다른 업무를 하면서도 그때마다 느껴지는 감정들을 바로 표현할 수 있는 여유가 생긴 것이다. 일하다 중간에 개인적인 글을 써도 아무도 뭐라 하지 않고 오히려 부러워하는 이 직업이 나는 참 행복하다.

그러고 보면 행복하고 싶어서 시작한 책방이었다. 이곳에서 단순히 책만 팔거나 돈을 벌기 위해 하고 싶지 않은 것까지 해야 하는 삶이었다면 견디지 못했을 것이다. 6.5평의 작은 책방에 갇혀 사는 삶 같지만, 실질적으로 이 좁은 공간에서 무한한 이야기가 펼쳐지다 보니, 책방을 소재로 만든 책이 3권 이상이다. 재밌는 생각이 들거나 어떤 상황이 벌어질 때, 힘든 순간이나 감정을 다스려야 할 때, 이 상황들을 기록하는 것이 좋고, 그 기록을 책으로 펼쳐내는 건 더 좋다. 책방을 꾸리며 바쁜 와중에도 책을 만들 수 있는 건 어쩌면 모든 열정은 가장 바쁘고 절박할 때 비로소 나오는 것일지도 모르겠다.

책방에서 책을 읽거나 글을 쓰는 여유를 누리기 위해서는 출근 전후 업무적으로 필요한 일들을 처리해야 하는데, 그 덕분에 아침잠이 많아 점심때나 돼야 일어나던 생활 습관이 바뀌었다. 요즘엔 8시나 9시쯤 눈이 떠졌고, 아무리 늦어도 10시에는 일어났다. 일어나자마자 컴퓨터로 해야 할 업무들을 마친 후, 출근하면 책방에서는 물리적으로 필요한 일들과 청소, 손님 응대 등에 집중할 수 있다. 그리고 그 외 남는 시간에 독서하거나 글을 쓴다. 가끔은 쓸 글이 많을 때 일부로 책방에 일찍 출근하기도 하고, 어떤 날은 퇴근 시간이 다 되었는데 글이 잘 써진다고 퇴근을 미루기도 했다. 쉬는 날인데도 굳이 책방에 나와 책을 읽거나 글을 쓰는 일도 있었다. 이 모든 것이 싫지 않은 이유는 내가 오롯이 원하는 일을 하기 때문일 것이다.

가끔 손님들이 "책방 운영 괜찮아요?", "돈 벌기 힘들죠?"라는 오지랖에 가까운 질문을 던진다. 오픈 초반엔 거의 매일 이 말을 들었다. 다행히 5주년 때, 책방을 하며 모든 대출금을 다 갚았다는 글을 올린 이후로는 그런 질문들은 거의 사라졌지만, 그래도 여전히 한 달에 한 번 이상은 먹고살기 괜찮냐는 질문을 받는다.

책방지기가 돈을 많이 버는 직업이 아닌 것을 모두 알고 있겠지만, 삶은 꼭 돈이 전부가 아니다. 만약 삶의 가치에 가장 중요한 부분이 행복이라고 한다면, 어쩌면 나는 세상에서 가장 부유한 삶을 살고 있는 것인지도 모른다.

고양이로 이어진 인연 때문에 갈 곳 없는 고양이를 입양하면서 새로운 생명의 소중함을 배우고, 이곳에서 쓴 글들이 책이 되고, 또 나아가 이야기의 시작이 되는 공간인데, 이것을 어찌 돈으로 환산할 수 있을까. 누군가에게 행복을 파는 삶이면서 나도 만족하는 삶인데 불행하지 않다.

휴대전화만 있으면 모든 것을 다 주문할 수 있고, 누워서 편하게 강의를 듣거나 원하는 TV 프로그램을 언제든 재생할 수 있는 최첨단 시대에 살고 있는데, 오히려 휴대전화가 없거나 인터넷 통신이 불가능했거나 TV가 없어서 다 같이 모여서 라디오를 들었던 시대를 그리워하는 것만 해도 알 수 있다. 많은 것들을 돈으로 살 수 없더라도, 풍요로운 삶이 아니거나 불편한 공간에 머물고 있다고 해도 삶은 아름다울 수 있다. 무엇을 하지 않아도 무엇도 다 가졌던 그 시절을 떠올리면, 쉽게 버리던 휴지 한 장에 누군가의 편지가 적혀 있다면 버리지 못하고 그대로 간직하는 삶을 사는 지금도 아주 아름답다. 낭만은 어떤 도구 혹은 충분한 금전적 가치로 얻는 것이 아니라 서로에게 닿는 다정함으로 채워진다.

낭만은 얼어 죽을 책방지기

"내가 꿈꾸는 삶이 바로 이런 삶이에요!"
 누군가는 책방지기라는 내 직업을 이야기 듣고 자신의 꿈이었다고 말했다. 그럴 때 내 대답은 늘 같았다. "이 직업을 선택한 후 가장 행복한 순간은 나와 같은 삶을 꿈꾸는 사람이 있다는 거예요!"라고 말이다. 사람들이 부러워하는 직업을 가졌다는 것, 나는 책방지기이기 전에 누군가의 부러움의 대상이 된다는 점이 좋았다. 그들이 원하는 것이 단순한 직업이 아닌 '나의 행복한 삶'이길 바라면서 더 재밌게 살고자 노력했다.

 어릴 때, 태풍 속에서 힘없이 쓰러지는 커다란 나무는 몸집에 비해 약해서 싫어했다. 그에 비해 비바람에도 바위틈에서 오래 버티는 잡초의 꽃은 강인해서 좋았다. 작고 못생기고 눈에 띄지 않아도 단단한 마음이면 어떠한 태풍에도 흔들리지 않을 거라고 여겼다. 그런데 언젠가부터 가벼운 비바람에도 흩날리듯 사라져 버리는 화려한 꽃을 기다렸다. 아주 잠깐 거리를 한가득 물들이는 벚꽃을 말이다. 얼마 버티지 못할 꽃을 난 언제부터 동경하게 된 건지 모르겠다. 꽃이 피고 지면, 아직 피지도 않은 꽃잎이 벌써 떨어진 것처럼 혼자 꽃의 흔적을 상상하며 마음이 꽁꽁 얼어붙었다.

"왜 아직도 그 신발 신고 있어요?"

어느 날, 오랜만에 오신 단골손님이 내게 물었다. 그제야 봄이 된 지도 한참인데 아직 겨울 방한 신발을 신고 있다는 것을 알았다. 한동안 유난히 따뜻한 날씨인데도 겨울옷을 입었는지 겨울 신발을 신고 있는지 자각하지 못할 만큼 여유롭지 못했다. 고개를 들어 책방 유리문을 통해 밖으로 지나가는 사람들을 봤더니 반팔을 입었거나 얇은 재킷을 입은 사람이 있었고, 양산을 쓴 사람도 있었다. 화장실로 들어가 거울로 내 옷을 바라봤다. 까만색 목티가 이 날씨에 어울리지 않았다. 신발을 보니 유난히 더워 보였다. 모두가 계절의 변화에 빠르게 달라지는데 나만 혼자 지나간 계절의 흔적에 머물고 있었다. 숨이 턱 막혔다.

갑사기 더워진 날씨에는 평소보다 이르게 꽃들이 피어난다. 준비할 겨를도 없이 꽃부터 내어놓는 벚꽃을 시작으로 여러 꽃이 순차적으로 피어난다. 그리고 소리 없이 변한 날씨에 쉽게 적응하지 못한 나는 벚꽃을 멀리 스쳤을 것이다. 그러니까, 아직 겨울이라고 믿었던 듯, 여전히 까만색 목티를 입고 있었다. 돌아보니 이미 벚꽃이 떨어진 후였는데 세상의 꽃이 눈에 들어오지 않은 채 마음의 계절만을 따라갔다.

내 감정이 아직 겨울에서 벗어나지 못할 때는 변화가 필요했다. 머리카락을 싹둑 자르면 나을 것 같아, 쉬는 날에 근처의 친구네 미용실에 들렀다. 학창 시절을 함께 보낸 오랜 친구가 하는 미용실이 집에서 고작 1분 거리, 책방에서는 도보 10분 거리에 있음에도 마음의 여유가 없으니 자주 가지 못했다.

"단발보다는 조금 길게, 묶을 수 있을 만큼만 남기고 다 잘라줘."

일 년 넘게 길렀던 긴 머리카락을 싹둑 자르고 나면야 비로소 계절의 변화를 알아차릴 수 있었다.

스타일이 바뀐 후 손님들은 곧바로 "머리카락 자르셨네요?"라고 물어본다. 자주 미용실에 갔다면 내 변화에 무뎠겠지만, 누가 봐도 확 변한 머리 스타일은 눈치챌 수 있었다. 처음이거나 혹은 가끔 보는 사람들도 누군가의 변화를 쉽게 알아차리는데 매일 지나가는 길에서 날씨 변화도 알지 못한 만큼 나는 무엇에 정신이 빠져 있었을까 괜히 속상했다. 세상이 하나의 계절만 있어서 변하지 않는다면 좋았을 것이다. 같은 옷만 입어도 티가 나지 않게 하나의 옷만 입고 살면 더 좋았을 것이다.

 그러나 완전히 변한 머리 스타일에도 불구하고 때로는 "여전하네요!"라는 이야기를 듣는다. 일 년에 한 번 혹은 이 년에 한 번 오는 손님에게 일 년에 한 번 미용실에 가고 크게 변하지 않는 무난한 옷을 입는 나는 변함없는 사람일 수도 있었다.

 변화가 좋은지 아니면 변화하지 않는 것이 나은지 매번 고민한다. 책방도 가끔 확 변화를 주고 싶다가도 오랜만에 온 손님이 무던하게 매일 똑같은 풍경에 더 평화로울 수 있다고 생각한다. 그리고 여전히 누군가가 꿈꾸는 삶을 살고 있는 지금, 내 삶이 멈추지 않게 흐르도록 스스로의 변화와 멈춤의 간격을 잘 유지하며 나아가겠다고 마음먹는다.

스스로 선택한다는 것

　책방은 누군가의 의지에 의해 만들어지지만 누군가의 강요로 타인이 꾸리는 건 아니다. 다시 말해, 책방지기인 내가 결정하고 직접 만드는 것이다. 스스로의 선택이기 때문에 이 공간을 유지하거나 망하게 하거나 모두 다 한 사람의 몫이다.

　책방을 오픈하면서 책방에서 수익을 많이 낼 수 없다는 것을 알았다. 책방은 오프라인으로 운영하는 공간이기 때문에 발생하는 수많은 부대비용인 고정 지출이 있고, 그 돈 이상 수익을 버는 것이 쉽지 않다는 걸 이미 알았다. 월세, 보험료, CCTV나 인터넷 사용료, 수도세, 전기세, 운영자금 등등 매달 많은 돈을 쓰고도 월급을 충분히 벌어야 하는데, 거기에 대출금까지 있으면 더 벌어야 한다.

겉으로 책방은 돈이 아니라 행복을 추구하기 때문에 한다고 말하지만, 책방을 하면서 돈이 없어 매달 허덕인다면, 눈 뜨는 아침이 매일 불행할 수 있다. 한 달 내내 벌어도 자신의 월급이 나올지 모르는 일을 무턱대고 하는 게 누구든 원하는 삶은 아닐 것이다. 그래서 책방을 하면서 고정 수입을 반드시 필요하다. 최소한의 생활을 할 수 있는 만큼의 수익이 발생해야만 책방을 오래 유지할 수 있기 때문이다.

오픈을 준비하면서 수입은 나중 문제니까 일단은 고정 지출을 최소화할 방안을 고려했다. 가장 큰 지출에 해당하는 '월세'가 중요했는데, 아무리 변두리라고 해도 서울에서 월세가 저렴한 곳을 발견하는 건 쉽지 않았다. 저렴한 곳이라고 해서 가보면 원하는 장소가 아닐 때가 많았고, 권리금이 지나치게 높은 곳도 많았다. 공간을 알아보면서 무턱대고 금액만 기준으로 삼기엔 여러모로 쉽지 않았다. 그래서 일단 내가 원하는 장소의 모습을 머릿속으로 그린 후, 비슷한 곳을 발견하고, 그곳의 월세가 내가 감당할 수 있는 수준인지를 고민하여 결정하기로 했다. 어떤 책방을 꾸리고 싶은지가 중요해진 것이다.

일단 나는 골목에 아무것도 없는데 상가 하나만 달랑 있는 것을 바랐다. 집에서 도보 10분 반경을 두고 이리저리 걸어 다니다 보니 실제로 그런 공간들이 있었기 때문에 이왕이면 골목 안에 있는 한적한 곳, 아무것도 없는 공간이 좋겠다고 생각했다. 만약 바로 옆에 다른 가게가 있다고 하더라도 조용한 상권이길 바랐다. 시끌벅적한 곳 말고, 프랜차이즈가 있는 곳 말고, 그냥 공방이나 회사가 있는 곳이었으면 했다. 또 무엇보다 중요한 것은 젠트리피케이션이었다. 처음 책방 공간을 알아볼 때 이 동네는 한참 마곡 지구에 건물이 완성되어 가는 중이었다. 그래서 마곡을 중심으로 주변 상권들은 신축이 아니더라도 가격이 최대치로 올랐다. 어떤 곳은 홍대나 연남동 상가보다 훨씬 월세가 높은 곳도 있었다. 운이 좋아 그런 곳에 저렴한 상가를 만나 들어간다고 해도, 분명 재계약 시점에 같은 비용을 유지할 리는 알 수 없었다.

지금의 책방 자리는 부동산을 통해 찾은 것이 아니라, 지나가던 길에 '임대 문의'를 보고 알게 되었다. 아직 공사 중인 신축 건물이었고, 지어지지 않은 건물이었지만 뼈대를 갖추고 있었으며, 유리문까지 만들어진 상태였기 때문에 대강의 크기와 구조를 밖에서 확인할 수 있었다. 보증금과 월세만 적정선에 들어온다면 계약하지 않을 이유는 없었다. 내가 바라던 '골목에 딱 하나뿐인 상가'와 너무 잘 어울리는 곳이었기 때문이다. 지하철역에서는 거리가 멀었지만 집에서는 도보 10분이면 올 수 있었고, 큰길은 아니지만 그래도 앞에 커다란 방범 카메라가 있으면서 코너에 있는 상가였기에 마음에 들었다. 이틀 정도 주변을 다녀본 후, 임대 문의에 적힌 부동산에 연락해서 계약 조건을 확인하고, 마침 공사 현장에 들른 건물 주인과 협의하면서 바로 계약금을 걸었다. 마음에 들었던 점은 다락방이 생긴다는 점과 건물 주인이 크게 부딪힐 일 없을 인상이었고, 입주할 수 있는 시점이 내가 창업 자금을 모을 수 있다는 것까지 모두 알맞았다.

하지만 공간이 완성되어 가면서 내가 처음 생각했던 책방의 모습과는 전혀 다른 구상을 해야만 했다. 다락방이 생기고 싱크대와 보일러가 들어오니 실질적으로 책장이나 테이블을 놓을 공간이 많이 줄었기 때문이다. 판매용 물건들을 놓기엔 여러모로 불편한 다락방 공간을 카페로 구성하는 것이 이 공간에서 최선이었다. 그래서 책방 겸 카페로 운영하기로 했다. 다만 공간 특성상 아이들이 머무는 것엔 위험이 많이 따라서 노키즈존으로 정했고, 책과 함께 맥주나 와인을 마시면 좋을 것 같아 술을 판매할 수 있도록 일반음식점으로 사업자를 내기로 마음먹었다. 다만 이렇게 카페로 운영하게 된다면, 오픈 시간에 민감해질 수밖에 없었다. 애초에 SNS를 중심으로 영업하면서 최소한의 시간만 책방을 운영하고 나머지는 작업실과 다른 공간으로 활용하기로 했던 마음을 버려야 했다. 카페 공간이 되면 SNS를 보고 찾아오는 손님보다 오가다 들르는 사람들이 많을 것이고, 그들에게 일일이 SNS를 보면서 오픈 시간을 확인하라고 말할 수는 없었다. 그러므로 정기적인 오픈 시간이 필요했다.

공간을 오픈하기까지 선택의 연속이었지만 대부분을 선택하는 것이 어렵지 않았다. 그리고 내 선택에 맞춰 겉과 안이 꾸려지는 것이 신났다. 다만, 스스로 결정할 수 없는 부분은 오가는 손님들의 발길이었다. 책만 파는지, 책과 커피를 파는지, 책과 커피와 맥주를 파는지, 책과 맥주를 파는지… 책과 무엇을 파는지, 주요 독자 타깃은 어떤 사람인지에 따라 영업시간과 콘셉트는 당연히 달라져야만 했다. 그렇다고 손님에 따라 이리저리 흔들리면 안 되었다. 그래서 절대 변하지 않을 가치관과 틀을 먼저 만들었고, 나머지는 이런저런 시도를 하면서 공간의 색을 완성해 나가기로 했다.

오픈 초반에는 정말로 많은 사람들이 쓸데없는 조언을 늘어놓았다. 친한 사람이나 전혀 모르던 사람이나, 손님이나 손님이 아니거나 많은 사람이 이래야 한다 저래야 한다고 말을 해댔다. 지겨울 정도였다. 초반에 가장 많이 들었던 말은 왜 이런 곳에서 문을 열었냐는 것이었다. 지하철에서도 멀고, 찾아오기도 힘들고, 주차도 안 되고, 위치가 너무 좋지 않다며 불평을 늘어놓았다. 그다음에 많이 들었던 말은 왜 이 메뉴는 없냐, 저 메뉴는 없냐며 메뉴 구성에 불만을 토로했다.

아이스 음료에 얼음은 어때야 한다는 둥, 테이크아웃 잔의 뚜껑은 어때야 한다는 둥, 책방에서 카페를 하려면 어떻게 해야 한다는 둥 각종 조언을 들었다. 그래서 그 사람들에게 "카페 운영했던 적 있어요?", "책방 해본 적 있어요?"라고 물으면 대부분 다 해본 적은 없다고 했다. 해본 적도 없으면서 왜 해본 것처럼 이야기하냐는 질문을 차마 하지 못하고 그냥 "네."라고 대화를 단절했다. 어차피 그들은 내 말을 듣지 않고 자기 말만 했기 때문이다.

시간이 지나고, 코로나라는 팬데믹을 겪으면서 공간에 대한 조언을 하거나 메뉴에 대한 오지랖을 늘어놓는 사람은 대부분 사라졌다. 그들이 말하는 목 좋은 곳에 자리를 잡은 상가는 거의 문을 닫았고, 쉽게 변화는 유행만 쫓아가는 곳들은 매번 다른 간판으로 바꿔 달아야 했기 때문이다.

어떤 일이든 그 일의 선택에는 당연히 책임이 따른다. 내가 공간의 위치를 정하고, 이 안에서 파는 상품을 결정하는 것은 모두 내 선택이었다. 그러니까 내가 감당할 만큼만을 가지고 나는 책방을 시작했고, 이끌어 나가고 있다.

책방에 방문하는 손님도 마찬가지였다. 내가 오라고 한다고 누군가 오는 것은 아니었다. 굳이 위치가 좋지 않은 이곳에 일부러 찾아오거나, 다양한 메뉴가 없는데도 머물고 싶은 사람만 스스로의 선택으로 여기에 들어온다. 찾아오는 대부분은 혼자 오는 손님들이다. 가끔 친구나 가족의 손에 이끌려 오는 사람도 있는데, 끌려온 사람들은 너무 티가 났다. 시끄럽게 굴거나 아무것을 하고 싶지 않아 하거나 아무 생각도 하지 않는다. 데리고 온 사람이 이런 모습을 바란 것은 아닐 텐데, 그런 사람들도 제발 이곳에서 감성과 낭만을 발견하길 바라며, 가는 길에 더 밝게 인사할 뿐이다.

한 번 오고 다시 오지 않는 손님도 있지만, 자주 오는 손님도 많았다. 처음에는 커피만 마시러 왔는데 다음에는 책을 사러 왔다든지, 처음에는 모임에 호기심으로 왔다가 다음부터 커피를 마시러 오든지, 사람들은 각자만의 이유로 이곳을 다시 찾았다. 자발적인 이런 관계들이 이어지는 것은 내가 골목에 책방을 꾸린 이유이기도 했다. 일부로 찾아와야 하지만 각자 자신의 감각대로 머물 수 있는 그런 공간을 꿈꿨다.

투명 인간이 아니야

"어서 오세요!"

문을 열고 들어오는 손님이 있어 인사를 건넸다. 그러나 그 사람은 내 인사를 아랑곳하지 않고 심지어 눈도 보지 않은 채 입구에서 공간을 쓱 스캔하더니 "여긴 좁다. 가자!"라고 동행에게 이야기했다.

며칠 전, 여럿이 우르르 들어와서는 "여기 너무 좋다!"라고 아직 아무것도 보지 않은 채 말했던 사람이 떠올랐다. 그 사람은 책을 한 권도 꺼내보지 않으면서 "여기 내가 좋아하는 책만 있네!"라고 호들갑을 떨면서도 내 눈치를 살피다 뒤돌아 그대로 나갔다.

이곳을 방문한 목적이나 원하는 방향이 다를 수 있겠지만, 그래도 인사는 할 수 있었을 텐데 마음이 속상했다. 들어온 것이 후회될 만큼 소란스럽지 않았으면

했다. 이제 좀 포근해지려나 싶었던 일월의 어느 날, 다시 찬 바람이 몰아 와 깊은 겨울로 향하던 어느 날의 날씨 흐름과 지금의 내 감정이 같았다.

빨리 설거지를 마치고 서둘러 쉬고 싶은 마음에, 몸을 부지런히 움직이다가 산 지 얼마 되지 않은 에스프레소 샷 잔을 깨뜨렸다. 엄지와 검지로 만들어지는 동그란 원만큼 작은 잔인데 파편이 꽤 넓게 퍼졌다. 앞치마까지도 파편이 튀었다. 앞치마를 하지 않았다면 내 옷에도 파편이 튀었을 것이다. 순간 멈칫했다. 왠지 모르게 서러웠다. 무엇도 치우고 싶지 않았다. 깨진 잔이 쉽게 구하지 못하는 고가의 제품도 아니고 이게 사라진다고 해서 큰 문제가 발생하는 것도 아니었지만 기분이 좋지 않았다. 한숨을 푹 쉬고 화장실에서 빗자루와 쓰레받기를 꺼내 와 부지런히 쓸었다. 와장창 깨졌던 파편들을 처음 바라봤을 땐 청소 범위가 상당히 넓겠다고 생각했는데 빗자루질 몇 번으로 간단하게 쓸렸다. 매번 나쁜 일을 겪을 때마다 처음 닥치는 순간만 막막하고 그걸 해결하면서 오히려 별거 아닌 것으로 여긴다. 유리 파편쯤이야 치우면 그만일 뿐… 서러울 것은 없었다. 마음을 다잡고 아무것도 아닌 듯 청소를 마무리했다.

안 써도 되는 신경을 써서 그런지 갑자기 배가 고팠다. 시계를 보니 벌써 네 시다. 이 시간까지 점심밥을 먹지 않았다는 것을 뱃고동 소리를 듣고야 알았다. 손님이 많은 것도 아니고 일이 많았던 것도 아닌데 무엇을 하느라 밥 먹는 것조차 까먹고 있었을까. 도시락을 꺼냈다. 반찬으로 김치찌개와 멸치볶음, 시금치 무침, 그리고 김이 있었다. 김을 빼면 어제저녁으로 먹은 밥과 똑같았다. 식비를 줄이기 위해 매일 친정에서 저녁을 해결하고 남은 반찬들을 싸 와 다음 날 점심을 먹기 때문이었다. 바쁜 하루를 보내는 나를 위해 남편은 매일 아침에 도시락을 챙겨 준다. 늦은 점심을 먹고, 설거지한 후 무심코 앞치마 오른쪽 주머니에 손을 넣었는데 딱딱한 물체가 만져졌다. 무엇인지 단번에 알았다. 날카로웠으며, 불규칙한 것이었으니…. 손을 더 깊숙하게 집어넣어 볼까 순간 생각했는데, 이런 내가 무서웠다. 그때 갑자기 문이 열렸다.

정신을 바짝 차린 후, 나를 향해 밝게 웃는 손님을 바라봤다. 아직 내 마음에 온기가 남은 것은, 공간을 포근하게 꽉 채워준 고맙고 다정한 사람들이 있어서다. "안녕하세요."라는 흔한 인사말이 마음을 단단하게 만들어 준다. 내가 더 밝게 인사하겠다고 다짐하며, "어서 오세요."라고 평소보다 다정하게 말했다.

힘들고 서러운 감정들이 누군가의 방문과 따뜻한 인사로 사그라지는 순간들은 내가 책방지기로 살아갈 수 있는 가장 큰 원동력이다. 눈앞이 펑펑 울만큼 눈물을 쏟은 날에도 쉬지 않고 책방에 나오는 건 어쩌면 사람들의 위로를 받고 싶어서일지도 모르겠다.

천장 누수와 영업에 관하여

 쉰다는 것조차 굉장한 용기가 필요했던 시간을 과거로 보내고, 현재는 쉬는 것을 두려워하지 않는다. 자영업자들에게 쉰다는 것이 잊힌다는 것으로 여겼던 지난 시간이 있었지만, 사람들은 내가 며칠 쉬는 것에 크게 신경을 쓰지 않는다는 것을 알았기 때문이다. 쉰다는 건 자연스러운 것이고, 쉼은 필요하다.

 책방지기가 된 후, 가장 좋은 점을 꼽는다면 이 결정을 할 수 있다는 점이었다. 내가 주인이기 때문에 원할 때 쉴 수 있고, 원할 때 일할 수 있었다. 다만 오픈 초반, 반년 정도는 언제 손님이 많은 지 언제 한가한지 파악하기 위해 최대한 많은 시간과 요일에 일했다. 시간이 흐르면서 자연스럽게 손님이 가장 없는 요일을 정기 휴무로 정했다. 그리고 몇 년이 더 흐르면서 성수기와 비수기 시즌을 대략 감 잡았고, 봄 방학, 여름 방학, 가을 방학, 겨울 방학이라는 이름으로 각종 방학을 핑계 삼아 쉴 수 있었다.

　10일간 파리 여행을 다녀왔다. 짧으면 짧고 길면 긴 휴무가 끝나고 책방에 도착했을 때, 평소와 다른 서늘한 기운을 느꼈다. 내가 없을 때 비가 많이 내렸다고 했지만 그렇다고 비 때문은 아닌 것 같았다. 기분이 찝찝한 건 처음이었다. 무슨 느낌인지 알 수 없었지만 오랜 비움 때문일 거로 생각해 문을 활짝 열어 환기하고 영업을 재개했다. 하지만 안 좋은 기분은 단지 기분 탓이 아니었다. 쉬고 온 사이 천장에서 누수가 발생해 곰팡이까지 생겼기 때문이란 걸 다음 날이 되어야 알았다. 분명 꼼꼼하게 청소했다고 생각했지만 천장까지 살피지 못했기 때문에 하필 이날 처음 온 손님이 그 모습을 봤다면 원래 이곳에 곰팡이가 많이 있다고 여겼을 것이다. 눈길이 바로 닿지 않은 천장이어서 제발 손님도 못 봤길 바랐다.

　곧바로 건물주에게 연락했다. 누수가 발생한 것 같은데 해결해 달라고 말했다. 그 소식을 들은 주인은 근처에 있다는 누수 전문가와 사모님을 보냈다. 나는 복구가 되지 못하면 영업하지 못하니 해결을 촉구했다. 그랬더니 무슨 이런 곰팡이로 영업하지 못하냐는 핀잔을 들었다. 예전에는 다들 곰팡이 핀 집에 살고 그랬던 것 아니냐는 말까지 들었을 때 화가 났다. 여기는 영업장이고, 지하도 아니고, 천장 누수로 발생한 문제이고, 위에서 물이 뚝뚝 떨어지는 걸 지켜보면서 사람들을 머물게 하고 싶지 않았다. 누수와 곰팡이가 있다고 왜 영업을 하지 못하냐고 누군가 말할 수 있다. 하지만 쾌적하지 못한 상황은 내가 바라는 책방의 모습이 아니었다. 일단 임시 휴무에 들어갔다. 하지만 빠른 해결이 어려울 것 같단 느낌이 들어서 주인에게 영업 손실에 관하여 보험 처리를 부탁했다. 그랬더니 건물에 보험이 없는데 어떻게 해주면 좋겠냐고 물었고, 나는 당장 빠른 해결을 해주길 바란다고 말했다. 덕분인지 다시 전문가가 왔다. 그리고 곧바로 누수의 문제를 찾기 시작했다. 천장을 뚫고, 물이 새는 부분을 파악하고, 윗집으로 올라가 그 부분의 방수를 처리하는 것까지 일단은 빠르게 시행되었다. 다만, 전반적인 공사를 한 것이 아니라 일부 가능성 있는 부분만 뜯어서 보수를 했기 때문에 기다림이 필요했다. 며칠 기다려서 물이 더는 새지 않는다면 해결이 된 것이고 그렇지 못하다면 다시 더 큰 공사를 해야 하는 상황이었다. 어쨌든 아무것도 못 하고 지켜보기만 하는 것이 아니기에 괜찮았다. 그리고 결과적으로 4일 후, 누수가 완전히 사라진 것을 확인하고 뜯었던 천장을 보수하고 페인트칠까지 하며 드디어 마무리되었다.

10일간 파리 여행을 다녀왔는데, 또 10일 정도는

제대로 영업하지 못한 채 시간이 지났다. 주변에서는 이 기간 영업을 하지 못한 것에 대해 손실을 보상받으라고 했지만 나는 그냥 넘기기로 했다. 그냥 다시 영업할 수 있다는 것에 다행이라는 생각뿐이었다. 일단 이참에 대청소를 해보자고 마음먹었다.

공사 때 지저분하지 않도록 물건들을 한쪽에 치워 놓았기에, 공사 후 지저분한 쓰레기들을 치운 후 창문과 유리문, 바닥과 화장실까지 말끔하게 청소했다. 영업 앞뒤로 촉박한 시간에 하는 청소가 아니라, 휴무로 잡아 놓아서 쉬엄쉬엄 긴 시간 청소할 수 있다는 것이 오히려 나았다. 단지 청소나 정리에 소질이 없어서 느려진 손길과 굼뜬 몸짓이 문제였을 뿐이다. 청소해야 하지만 하고 싶지 않은 내 마음을 내 몸이 대변했다.

다시 문을 열었다. 오랜만에 영업하면 처음이 생각날 만큼 한가한 시간을 보낸다. 사람들은 내가 다시 영업하는지, 그동안 쉬었는지 관심이 없다는데, 쉬면서 완전히 잊힌 것이 아닐지 걱정한다. 그러나 이 모든 것은 스스로만 강박을 가지고 그 자리를 지켜야 한다고 얽매고 있기에 생기는 기우일 뿐이다. 실제로 쉬고 다시 영업했을 때 빈 공백이 크게 느껴진 적은 없었다. 혹은 긴 공백으로 누군가 여길 다시는 찾지 않을 수 있겠지만 그래도 괜찮다고 생각했을 것이다. 왜냐하면 새로운 인연은 또 다가오고, 더 나아가고자 하는 단단한 마음이 생길 것이니까 말이다.

잘 지내는 것 같으면서도 하나만 어긋나면 무너질 수 있는 게 인생이다. 힘들더라도 살아날 수 있게 하는 것, 좋아하는 일을 하면서 살아갈 수 있는 것, 버티게 만드는 마음은 결국 내가 좋아하는 일을 하고 있기에 가능한 것이다. 그리고 원하는 일을 스스로 해나가는 내게 빈 공백은 쉬어가는 쉼표일 뿐이고, 나아가기 위한 도약의 발걸음이다.

책을 사지 않는 것

책방에 머물거나 독립 출판 북마켓의 셀러로 참여하며 많은 사람을 만났다. 지나고 보니 그중 유독 기억에 남는 사람은 불편한 말을 한 사람들이었다.

"도서관에서 빌려 볼게요."

"빌려 보고 후기 꼭 남겨 줄게요."

"책 사진 찍어도 괜찮죠? 도서관에 신청해서 빌려 보려고요!"

뭐 그럴 수도 있지만, 책을 파는 사람 앞에서 할 이야기는 아니었다. 소장하고 싶지 않은 책이어도 도서관에 빌려서 본다는 것을 굳이 이야기할 필요는 없었다. 구매하는 것이 강요도 아닌 데다가 굳이 사지 않는다고 욕하지 않는다.

나는 낭만을 파는 책방지기라고 생각했지만, 결국

낭만을 파는 건 소비자들과 함께해야만 가능하다고 생각했다. 무엇을 위해 공간을 꾸렸는지 다시금 생각하게 하는 일화들은 차고 넘쳤다.

책방에 온다고 모두가 책을 사거나 무엇을 소비하는 것은 아니었다. 막상 왔지만 필요한 책을 찾기 어렵거나 원하는 장소가 아니었다고 느낄 때 굳이 오래 머물 필요는 없다. 다음에 다시 오겠다는 다정한 인사 하나만으로 충분히 괜찮았다.

더군다나 현실과 이상은 달랐다. 가보고 싶은 책방이었다고 해도 막상 도착했을 때, 그 느낌이 전혀 다른 곳은 참 많았다. 내가 운영하는 책방이 더욱 그랬을 거로 생각했다. 좁은 곳이라고 알았지만, 정말인지 작은 공간에 책장이 들어서 있어서 몇 명이 동시에 들어오면 복잡해진다. 책장의 책들이 마구 꽂혀 있어서 찾고자 하는 책을 바로 찾기도 쉽지 않다. 책방지기가 머무는 곳이 책장과 간격이 좁아 편하게 둘러보기 어렵다. 불편할 수밖에 없다는 걸 잘 안다. 하지만 불편해 보이는 손님에게 "꼭 책을 사지 않아도 괜찮아요."라고 말하는 것도 이상하다. 그냥 무심한 듯, 딴짓할 뿐이다.

책을 한 권도 팔지 못했던 날이나, 들어왔던 사람이 그냥 나가는 날이 있을 땐, 어떤 이유 때문일까 싶어 괜히 책장을 뒤적거렸다. 그러다 보면 책방 오픈 초반부터 지금까지 여기에 머문 책들을 발견한다. 그럴 때마다 그 책에게 이곳에 가장 오래 머문 이유를 묻는다. 언젠가 내 선택으로 여기에 들어오게 된 책의 존재처럼, 어쩌면 그런 책 한 권이 책방의 모든 것을 대변하는지 모른다. 오픈 초반에 왔던 손님이 더는 오지 않을 때, 과연 그 손님은 처음 어떻게 여길 왔을까, 그리고 어째서 다시 오지 않는 것일까 생각하면 어쩐지 오래전부터 머물던 책과 같았다. 마치 한 사람의 책장 속에 신간처럼 책방을 꽂은 후, 한 번 펼쳐 보고 점점 새로운 곳들에 밀려 구석으로 감춰지는 것이 아닐까 싶었다.

다만, 판매보다 존재 자체로의 가치가 있는 것들이 있다. 그리고 책방에 와주는 것만으로 가치 있는 시간이 있다. 어느 곳에 가든 반드시 마음에 드는 것을 발견하는 것은 어렵기 때문에 꼭 무언가를 소비하는 것이 정답은 아니다. 책을 사지 않아도 책장을 넘겨 보는 손길, 그리고 커피 한 잔을 마시지 않더라도 이곳에서 무엇을 만날 수 있는지 호기심 어린 눈빛으로 바라보는 그런 발걸음이 좋다. 당장 서로는 아무것도 팔거나 사지 않았겠지만, 결국 이런 경험들이 쌓여 인연이 이어질 것을 믿는다.

책을 팔고 싶다

이곳에는 책만 있는 것이 아니다. 책보다 커피가 먼저 눈에 들어온다. "책을 사러 왔어요."라고 말하는 사람보다 "여기 어떻게 이용할 수 있어요?"라고 묻는 사람이 더 많다.

책을 팔고 싶어 책방을 시작했지만, 정작 책을 파는 것인지 커피를 파는 것인지 모를 때가 있었다. 아무래도 공간 특성상 카페 공간을 더 넓게 운영하다 보니 당연했다. 그래서 누군가는 '북 카페'라고 불렀다. 하지만 나는 꿋꿋하게 이곳은 '책방'이라고 말했다.

책방 오픈을 준비할 때 전국 다양한 곳에서 열렸던 책방 창업 관련 강연을 다녔다. 그때 어느 곳에서 책방을 하려면 무조건 책으로만 승부를 봐야 한다고 강사님이 말했다. 그리고 책을 팔기 위해서는 적어도 100평 규모 이상의 공간을 꾸려야 한다는 말도 덧붙였다. 다양한 분야의 신간과 베스트셀러를 꾸준하게 소개해야 하고, 누가 와도 원하는 책을 발견할 수 있도록 만들어야만 책방이라고 했다. 그 말을 들은 한 사람이 "작은 규모의 독립서점을 운영하려고 하는데 그럴 땐 어떻게 해야 할까요?"라고 질문을 했는데, 이 말에 당연하듯 "하지 마세요!"라는 대답이 돌아왔다. 책을 많이 팔기 위해서 당연히 다양한 종류의 책이 있어야 하고, 종류도 많아야 하고, 규모도 커야 한다는 것을 누구나 다 알고 있지만, 사람들이 꿈꾸는 미래는 책을 판매하는 것에 있다고 생각지 않았다. 그래서 나는 강사님의 이야기보다 어떤 사람의 질문이 더 공감되었다. 그리고 그 뒤로는 더는 책방 창업 강연을 찾지 않았다.

내가 책방을 운영하고 싶었던 이유는 책을 많이 팔고 싶어서는 아니었다. 팔릴 책을 당연히 파는 것이 아닌, 내가 팔고 싶은 책을 팔고 싶은 거였다. 그런 책이 100평을 가득 채울 만큼 많을 수 있겠지만, 매 순간 다양한 책들이 순환할 수 있도록 작은 공간에 한정적인 도서만 소개하고 싶었다. 어쩌면 강연을 다니며 내가 알고 싶었던 것은 '창업하는 방법'이나 '책을 많이 파는 방법'이 아니라 '책방에서 행복을 발견하는 법'이나 '책방지기의 삶에 관한 이야기'였을지도 모르겠다.

돈을 좇아 책방을 꾸릴 생각이었다면 애초에 하지 않았을 것이다. 돈을 벌기 위해 하고 싶지 않은 것까지 하는 삶을 원하지 않아서 책방지기를 꿈꿨다. 그러니까 단순히 돈을 벌기 위해 팔고 싶지 않은 책까지 모두 가져다 놓는 건 원치 않았다. 내가 잘 모르는 아동 도서나 자기 계발서, 문제집까지 장르를 넓히고 싶지 않았고, 소소한 내용을 담은 소설이나 에세이, 여행이나 고양이 관련 책들만 팔고 싶은 마음이었다. 내가 좋아하는 장르 안에서도 특히 더 좋아하는 책을 선별해 '추천 도서'라는 이름으로 전면에 배치하는 상상을 하며, 독자들이 자기와 같은 취향의 책을 발견했을 때 이곳의 단골 하고 싶다고 마음먹는 그런 미래를 꿈꿨다.

책방 창업 강연을 더 이상 다니지 않으면서 오히려 그 시간에 책방에서 팔고 싶은 도서 리스트를 꾸릴 수 있었다. 사실 나는 다양한 책을 읽는 것보다 읽었던 책을 반복해서 읽는 것을 좋아해서, 당장 팔고 싶던 책의 숫자가 많지 않았다. 이렇게 소수의 책만 가지고 책방을 여는 것은 안 될 것 같아서 팔고 싶은 책의 숫자를 더 늘리는 것에 집중했다. 여러 책방을 다니고, 온라인 서점을 뒤지고, SNS를 통해 책을 접하며 나름의 기준으로 판매하고 싶은 책을 선별했다.

크게는 '여행', '고양이', '독립 출판'의 세 장르를 내세우고 싶었지만 장르만 나눠질 뿐 딱히 명확한 주제를 가지지 않은 책방이었다. 여행 작가로 살아온 삶이 오래서 책방을 열었을 때 많은 사람이 여행책을 찾으러 올 것이 당연했기에 여행이라는 장르를 빼놓을 수 없었고, 고양이 집사로 살아온 시간이 길다 보니까 고양이 책도 빼놓을 수 없었다. 거기다 독립 출판을 하고 있으니 당연히 독립 출판도 함께 가져가야 할 장르였다. 이 외에는 좋아하는 소설책이나 에세이, 그리고 책방에 어울릴듯한 책들로 꾸려졌다. '책방에 오면 이런저런 책들을 만날 수 있어요!'라고 정의해야겠지만, 그렇게 정의할 수 없는 책들이 두서없이 책장에 꽂혔다. 가나다순도 아닌, 작가명도 아닌, 그냥 손길 가는 대로 대충 책들이 책장에 자리 잡았다. 책장이 허전하게 느낄 때는 어떤 책방의 SNS에서 강력 추천이라는 태그를 달았던 책을 배치하기도 했는데, 오히려 다른 책방에서 잘 팔리는 책을 사람들이 쳐다보지 않았다. 대신 '이 책이 팔릴까?'라고 생각하며 소심하게 꽂아 준 책을 좋아했다.

책방을 운영한 지 일 년 정도 되었을 때야 겨우 이곳에서 사람들이 원하는 책이 어떤 책인지, 내가 팔고 싶은 책과 원하는 책 사이에 간격은 얼마나 떨어져 있는지 조금은 알았다. 그 간격을 더 좁힐 때까지는 시간이 오래 걸리겠지만 그래도 사람들이 원하는 것이 어떤 것인지 알 수 있다는 것은 책방에서의 시간 덕분이었다. 시간이 지날수록 사람들이 집어 드는 책을 살펴

보며 그 경험들이 머릿속에 데이터화되어 책방의 성격을 대변해 주었다. 여기에 오는 손님들은 정확한 어떤 책을 찾아오는 일은 극히 드물었고, 우연한 발견을 더 꿈꾸는 분들이 많았기 때문에 구석 안쪽에 끼워 놓은 책까지 꼼꼼하게 살피는 사람들이었다. 그래서 우연함을 더 심어주기 위해 부단히 노력했다.

다만, 시간이 지난다고 해서 해결되지 않는 것은 책을 파는 것이었다. 팔고 싶지 않은 책을 팔기 싫었던 것이지 책을 팔고 싶지 않았던 것은 아니었는데, 오랜 시간이 지나도 책이 많이 팔리지는 않았다. 그나마 긍정적인 부분이라고 하면, 초반에는 책을 한 권도 팔지 못하는 날이 있었지만 삼 년쯤 지난 후부터는 책을 한 권도 팔지 못하는 날이 거의 없었다는 것이다.

모임을 꾸리는 것

 책방을 시작하면서 책만 팔고자 한 것은 아니었기에 곧바로 내가 할 수 있거나 내가 기획할 수 있는 모임들을 만들었다. 주로 독립 출판 수업이나 여행 이야기, 여행 작가와의 만남 등의 모임이었다. 오픈과 동시에 여러 모임을 실행할 수 있었던 이유는, 예전부터 꾸준하게 다양한 곳에서 강의를 해왔기 때문이었다. 이미 독립 출판 수업을 했었고, 여행 강의를 했었고, 강의를 하는 다른 작가들과의 인연도 있었다. 그리고 오래전부터 내 공간이 있어서 그곳에서 하고 싶은 모임 잔뜩 열고 싶었다. 어쩌면 책방을 꾸릴 때 책을 팔고자 하는 것보다 내가 하고 싶은 것을 하는 공간으로의 역할을 더 바랐을 것이다.

 지속 가능한 모임으로 만들기 위해 할 수 있는 것과

하지 못한 일을 구분하고, 실질적인 이익을 가져올 모임과 오히려 돈을 쓰더라도 홍보의 역할을 하는 모임을 나눴다. 어떤 것을 하든 단순히 돈만 바라보고 한다면 오래 유지하지 못할 테니 손님들이 자주 들를 수 있는 재밌는 것들을 많이 만드는 것으로 목표를 삼았다.

다행히 초반에 계획한 모임들은 신청자가 적당히 있어서 원활하게 진행할 수 있었다. 그러나 신청자가 있다고 해서 안일하게 여겨서는 안 되었다. 필수 소비가 아닌 이상 소비자들은 언제든 떠날 수 있다는 걸 잊지 말아야 했다. 그래서 지속 가능한 모임으로 꾸리기 위해 큰 노력을 기울였다.

우선, 공간의 매력을 충분히 살리는 것이 중요했다. 다락방에서 진행하기 때문에 신발을 벗고 좌식으로 앉아야 하는 불편함을 오히려 장점으로 살려야만 했다.

나이가 들면서 별거 아닌 이야기라도 가까운 사람에게 털어놓는 것에 어려움을 느꼈다. 어릴 땐 시시콜콜 사소한 이야기를 밤새 하던 친구들이 있었는데, 언젠가부터 속이야기를 털어놓을 친구가 없어진 것일지 모르겠다. 그래서일까, 내 마음속에는 쌓인 이야기가 한가득이었다. 그런데 어쩌면, 속 이야기를 하지 못한 건 친구가 없어서가 아니었다. 주변 사람에게 내 이야기를 하지 못하는 내 마음 때문이었을 것이다. 나와 같은 사람이 많을 것이다. 그래서 모임을 만들 때, 참여자들의 정보가 중요하지 않았다. 얻어가는 것이 많을 필요도 없었다. 그저 사람들이 자신의 이야기를 털어놓을 수 있도록 분위기만 잘 만들어 준다면 그것으로도 충분하다고 생각했다. 모임의 방향성이 정해지니 그 뒤로는 할 수 있는 것이 많았다.

어렵고 무거운 주제의 이야기보다 여행이나 수다 모임을 위주로 잡았다. 주제가 있었고 글쓰기나 독서 등의 목적이 있었으나 결국 친목 모임과 다름없이 긴 수다스러움을 만드는 것이 중요했다. 비슷한 고민 혹은 완전히 다른 생각을 가진 사람들과 모여 서로의 발언 기회를 충분히 가지며 소통하는 것만으로 각자의 삶에서 딱 한 걸음만 더 나아짐을 바라는 그런 모임들이었다. 공간은 도울뿐 누구와 함께하는지 그게 더 중요하게 만들었다. 그리고 모두가 주인공이 될 수 있도록 최선을 다했다. 배움을 얻는 것이 아닌, 감정을 채우길 바랐고, 응원이나 희망을 이곳에서 얻고 가길 원했다. 다만, 글을 쓸 때 '나'를 빼놓고 이야기하면 주어 빠진 이상한 문장이 되는 것처럼 책방을 운영할 때도 내가 들어가야 한다. 나의 취향과 성향, 그리고 꿈이 반영되어야 한다. 그런 것을 잠시 잊은 채 너무 타인만 생각하며 살았던 시간도 있었다. 그게 쌓이면 번아웃이 올 거라는 걸 미처 생각지 못하고 일을 너무 많이 벌였다. 그게 결국 2023년 어느 날 터졌다.

쉬는 날이었지만 미리 잡은 일정이 있어서 쉴 수 없었다. 쉬는 날 모임까지 있으니 도저히 쉴 시간이 없었다. 그래서 평소보다 더 일찍 일어나야만 했다. 그런데도 일을 순차적으로 처리하는데 시간이 생각보다 많이 걸렸다. 바빠지면 더 느려지는 내 성격 탓에 게으름을 피우다가 시계를 봤더니 당장 씻고 나가기에는 너무 버거운 시간이었다. 모임에 내가 늦을 것 같았다.

차라리 참가자들에게 조금 여유 있게 오라는 문자를 보낸 후 씻으러 갈까 고민하다가 평소처럼 어차피 사람들은 모임 시간에 맞춰 올 테니 내가 아슬아슬하게라도 미리 도착한다면 큰 문제가 없을 거로 생각했다. 일단 빠르게 씻었다.

보통의 샤워 과정은 이렇다. 적당히 따뜻하진 물줄기로 온몸을 따뜻하게 한 후, 클렌징폼을 500원 동전 크기만큼 짜서 거품을 내고 얼굴부터 씻는다. 그다음 묶었던 머리를 풀어 물을 적시고, 샴푸를 두 번 펌프질한 후, 거품을 내어 머릿속부터 깨끗하게 감는다. 트리트먼트를 머리끝에만 바른 후 돌돌 말아 둔 상태로 칫솔을 꺼내 이를 닦고 몸을 비누칠해 닦은 후 물로 씻으며 머리카락의 트리트먼트까지 모조리 씻어 내는 것이다. 이 과정은 빠르면 5분, 느려도 10분이면 충분하다. 그런데 이날은 마음이 급해서 머리를 감으려고 고개를 숙이는 순간 물이 코에 훅 들어갔다. 코로 물을 마시는 기분은 전두엽까지 전율을 짜릿하게 만들었다. 빠르게 씻고 싶은데 코막힘 때문에 더 더뎌졌다. 초등학교 시절 일 년 동안 수영장을 다니며 수영을 배웠던 순간이 떠올랐다. 물속에서 뜨기까지 일주일이 걸렸다. 킥판을 잡고 발차기를 배우고 앞으로 나아가기까지 또 일주일이 걸렸다. 몇 달이 지나자 킥판이 없어도 혼자 물살을 가르며 나아갈 수 있었다. 그리고 일 년쯤 되었을 땐 25m 수영장을 한 번에 왕복했다. 물속에서 자유로워질 때까지 얼마나 많은 물을 마셨는지….

다시 돌아와 지금의 나를 생각했다. 내가 지금 코에 물이 들어간 것은 책방에서의 자유로움을 찾기 위해 발차기를 배우고, 숨 쉬는 법을 찾아가는 과정인 것일까. 코를 '흥' 풀며 남아 있는 콧속의 물을 밖으로 뺄고, 빠르게 씻고 머리를 말렸다. 그리고 서둘러 책방으로 향했다. 늦지 않게 도착했음에도 하필 이런 날은 나보다 먼저 도착해 기다리는 참가자가 꼭 있었다. 미리 문자 한 통 미리 보내 놓을걸… 후회했지만 이미 지난 일이었다.

하고 싶은 모임이 너무 많아 휴일까지 몽땅 쓰는 건 좋지 않았다. 운영자가 즐거워야만 손님도 즐겁고 다 좋은데 운영자가 피곤하면 절대로 안 되는 일이 바로 모임이기에 말이다. 컨디션을 관리해야겠다고 결심해 보지만 결국 또 지켜지지 않을 것이다. 하고 싶은 모임이 너무 많고, 시간은 유한하기 때문에 책방을 그만할 때까지 나는 계속 같은 고민을 하고 매번 피곤함을 택할 거라고 절대적으로 믿는다.

온라인 모임에 관하여

 오프라인 모임이 한참 활성화되었던 때, 난데없이 코로나 팬데믹 사태가 벌어졌다. 책방이었지만 카페로 분류되어 있어서 전염병에 민감해질 수밖에 없었다. 계획한 모임은 미루거나 취소해야 했는데 이 시기가 길어질 것 같아지자 점차 불안했다. 그래서 노선을 바꿔 다른 시도를 해보기로 결정했다. 꿈꾸던 삶이 있었지만, 미래가 불확실해지면 걱정만 하지 말고 후회하지 않도록 무언가 새로운 시도를 하는 것이 당연했다. 제자리를 맴돌고 있는 것보단 제자리를 벗어날 수 있게 노력하는 것은 결국 내 의지였다.

 오프라인 모임을 할 수 없으니 온라인 모임을 개설했다. 그러나 온라인 모임이 오프라인 모임의 감성을 따라갈 수는 없었다. 처음에는 인스타그램 라이브 방송으로 진행했는데, 사람들이 들어왔다 나갔다 했고, 오래 머무는 사람보다 잠깐 들렀다가 가는 사람이 대부분이었다. 흐름을 잡기 어려웠다. 그래서 줌으로 플랫폼을 옮겼다. 하지만 모니터를 통해 서로의 화면을 바라보는 것이 쉽지 않았다. 카메라를 켜지 않는 사람과, 마이크 상태가 좋지 않은 사람이 있었고, 말을 걸지 않으면 정적이 감돌 정도로 사람들은 그저 무언가를 듣고 있기만 했다. 사람들의 온기와 표정을 바로 확인하기가 어려웠기에 함께하는 느낌이 적었다. 무엇보다 아쉬웠던 건, 공간의 매력을 보여줄 수 없다는 점이었다.

그렇다면 어떻게 해야 온라인 모임의 매력을 만들 수 있는지 수없이 고민했다. 집중력이 떨어질 수 있는 온라인 특성과 소통이 쉽지 않다는 점을 모두 해결하는 게 쉽지 않다는 걸 알았기 때문이다. 그렇다고 해서 오프라인 모임을 그대로 온라인으로 옮기는 것은 별로 좋지 않았다. 그냥 온라인에 어울리는 새로운 모임을 만들기로 했다. 온라인이기 때문에 책방에 직접 방문하기 어려운 곳에 거주하거나 심지어 해외에 사는 사람과도 연결할 수 있다는 장점을 살리기로 했다. 만나지 않아도 괜찮으면서 사람들의 호기심과 열정을 불러올 수 있는 것과 체온이 다다르지 않지만 따뜻한 말을 할 수 있는 것이 무엇이 있을지 고민했다. 어차피 소통이 어렵다면, 베네핏을 주는 방향으로 잡았다. 그리고 시차가 제각각일 수도 있으니 서로의 공간과 시간에 자유롭게 활동할 수 있는 모임을 만들기로 했다. 그렇게 미션 글쓰기와 미션 독서 모임을 개설해서 따로 또 같이 글을 쓰거나 독서를 하고, 미션을 채우면 선물을 주는 모임을 만들었다. 처음에 사람들이 이런 모임을 낯설게 생각했지만 점차 익숙해졌고, 팬데믹이 끝난 후에도 오랫동안 정규 프로그램으로 자리했다.

새로운 것을 시도하는 건 두렵다. 하지만 낭만의 삶을 꿈꾸며 달려가는 인생에서 낭만을 발견하는 건 결국 나 자신이다. 익숙한 것을 계속 잘하는 것도 좋지만, 새로운 도전으로 또 다른 길을 만들어 가는 것도 필요하다. 다만 너무 무모하거나 그 매력을 발견하지 못한다면 지속할 수 없다. 그럴 땐 다시 또 새로운 방향을 향해 나아가면 된다. 모든 것이 다 최고일 수 없으니 할 수 있는 한 최대한으로 노력하는 것만으로 충분히 괜찮다. 멈추지 않고 계속 나아가기만 한다면 그것으로 삶은 충분히 채워진다.

무료함과 곰인형

 쉬는 날, 새로운 책을 계약하기 위해 출판사를 찾았다. 미리 약속한 시각에 맞춰 장소를 찾았다. '이런 곳에 출판사가 있었던가…?' 집에서 걸어서 갈 수 있을 만큼 가까웠던 출판사였다. 동네이고 자주 오가는 곳인데 처음 보는 곳이었고 엄청나게 큰 대문과 음침한 입구, 그리고 삼엄한 경비가 있었다. 철문에는 작은 벨이 있어서 벨을 누르려는데 '오늘은 쉬는 날'이라고 써진 문구가 보였다. 분명 약속까지 하고 왔는데 쉬는 날이라니, 황당했다. 그래도 약속은 했으니까 벨을 눌렀다 한참 후 누군가가 나와서는 무슨 일로 왔냐고 물었다. 그래서 담당자 이름을 말하고 계약하러 왔다고 했더니 그 담당자는 이미 퇴사해서 없단다. 너무 황당했다. 준비한 계약서와 원고를 손에 든 채로 어이없이 서 있었다. 나의 쉬는 날에 대한 휴식의 대가가 커다란 철문처럼 '쾅' 닫혔다. 터덜터덜 근처를 방황했다. 뭐라도 해야겠다고 생각한 순간 희한하게도 입장료를 내고 들어가는 어떤 박물관이 보였다. 새로 생긴 것처럼 펄럭이는 깃발에 광고 문구가 잔뜩 있어서 눈에 띄었다. 안으로 들어갔다. 그런데 우연히도 이곳에서 모 TV 프로그램의 촬영을 하고 있었다. 옆을 쓱 지나가려는데 프로그램 작가가 나를 보더니 인터뷰하자고 제안했다. 말끔하게 차려입은 모습이 인상적이라면서 말이다. 그래서 알겠다고 하고 의자에 앉다가 가지고 있는 음료를 옷에 쏟았다. 하얀 블라우스가 지저분하게 물들었다. 당황스러운 순간이었지만 그 누구도 소란스럽지 않았다. 그저 작가는 옆에 있던 남색 블라우스를 빌려줄 뿐이었다. 옷을 입으려는데 단추가 채워지지 않는다. 모든 것이 완벽한 구성에 나만 혼자 삐걱대고 있었다. 왜 다들 이리 평온하고 아무도 나를 도와주지 않는 것일까. 시간은 속절없이 흘렀다. 모든 것이 조금씩 무너졌다. 다 엉망이었다.

다행히 이건 꿈이었다.

뇌가 정지하는 순간이 있다. 생각이 멈추고 쉼을 강요한다. 하루를 쉬면 뒤처지는 건 며칠인데도, 멍하니 하나도 생각이 나지 않게 뇌가 멈춰있다면, 이건 신호다. 위험하다고, 더 가다간 갈 수 없게 된다고, 내가 내게 보내는 신호다. 신호를 무시하지 말고 잠시 쉬어가야, 더 오래 더 멀리 나아갈 수 있다는 걸 명심해야 한다.

그러나 내 몸은 쉬지 말라고 재촉할 때가 더 많았다. 책방은 손님이 많거나 적거나, 매출이 높거나 낮거나 상관없이 늘 바빴는데 잠시라도 한가해지면 그 한가함을 용납하지 않은 채 뭐라도 하라고 계속 나를 다그쳤다. 특히 강제로 멈췄던 코로나 팬데믹 시기가 그랬다. 영업도 제대로 못 하고 모임도 못 했기에 남는 시간엔 컴퓨터로 할 수 있는 일을 찾았다. 무언가를 끄적이다 결국 홈페이지 겸 쇼핑몰을 개설했다. 아무것도 하지 못하는 시간을 견디지 못하는 마음 때문인지, 혹은 자꾸만 전진하고자 하는 마음인지 잠시도 멈춰 있지 못했다. 평온해 보이는 삶을 유지하고자 하는 사람들도 있지만, 나는 그걸 발악하듯 새로운 걸 자꾸만 끄집어내려고만 한다. 성장을 꿈꾸거나 커다란 미래를 내다보는 것도 아닌데, 무엇도 안 하는 시간을 제대로 즐기지 못하는 것이다. 그때 시도한 것 중에 잘 되는 것도 있었지만 결과가 좋지 않았던 일도 많았다. 그런데도 뭐라도 해야만 했다. 악몽인가 예지몽인가 헷갈리는 꿈을 자주 꾸면서도 자꾸만 내 몸을 혹사해 뭐라도 하려는 삶이 때로는 버거웠다. 그런데도 자꾸 무엇이라도 시도하려는 건, 더 나아지기 위한 발악이었다. 홈페이지 겸 쇼핑몰을 개설한 것도 지나고 보니 더 큰 기회를 위한 발판이었고, 절대 후회하지 않는 일 중 하나가 된 게 어쩌면 스스로 쉼을 용납하지 못한 성격 때문이었을 것이다.

그리고 또 하나, 책방에서 했던 쓸데없는 일 중에 가장 만족하는 것은 곰인형이었다.

책방을 오픈한 지 6개월이 지나는 시점에 많이 지쳐갔다. 자유롭던 삶에서 얽매이는 삶을 산다는 것 자체가 힘들었다. 누군가를 만나러 다니던 삶에서 누군가가 만나러 오는 것을 기다리는 삶에 지쳐갔다. 그리고 매일 머무는 책방에 재밌는 것이 있었으면 하는 바람이 생겼다. 그러다 우연히 어느 SNS에서 커다란 곰인형 사진을 보았다. 어쩌면 내가 찾는 것이 곰인형일 수도 있었다. 곧바로 커다란 곰인형을 주문했다. 빠른 배송 덕에 다음 날 책방에 도착한 곰인형은 책방 곳곳을 돌아다니며 인테리어의 역할을 똑똑하게 해 줬다.

"안녕하세요."

어느 날엔 밖에 있는 커다란 곰인형을 보고 중년의 여성분이 문을 열고 들어와 인사했다. 어른이 되어서 잊고 살던 커다란 곰인형을 본 후 소녀로 되돌아간 기분이 들었다고 고맙다는 말을 남겼다. 매일 SNS에 곰인형의 사진을 올리자, "곰인형 어디에 있어요?"라고 묻는 손님이 있었다. 곰인형을 보고 싶어서 왔다는 사람들이 늘어나자, 곰인형은 의외로 아이들보다 어른들이 좋아한다는 걸 알았다. 특히 다락방에 곰인형이 있을 때 사람들은 인형을 포근하게 앉았다. 가끔 울고 싶다고 찾아오는 사람들에게 가장 큰 위로가 바로 곰인형이었다. 어쩌면 곰인형은 가면이었다. 울고 싶을 때 얼굴을 감출 수 있고, 위로가 필요할 때 포근하게 안길 수 있고, 이야기가 하고 싶을 때 자신도 모르게 말을 걸게 되니까 말이다.

언젠가부터 얼른 어른이 되고 싶다고 생각했던 어린 시절을 자꾸 잊고 살았다. 어떤 일에도 감정을 솔직하게 표현했던 어린이 시절이 더는 떠오르지 않았다. 곰인형을 갖고 싶었던 때가 있었는데 어느새 곰인형보다 더 중요한 것이 늘었다. 그러나 결국 필요한 건 어른이 되어 중요하게 생각하는 것들이 아니라 어린 시절 갖고 싶었던 마음이었을지도 모르겠다. 그리고 시절을 거슬러 돌아가고 싶은 감정들은 현재 그 시절을 그리워하게 하는 무언가를 보면 움직인다. 어른들이 곰인형을 보고 그냥 지나치지 못하는 것이 바로 그런 이유일 것이다.

오랜 시간 책방에 머물면서 곰인형은 점차 축 늘어졌다. 솜이 팽팽해 기운이 넘치게 앉아 있던 모습과 다르게 어느샌가 낡아진 인형의 모습이 슬펐다. 곰인형은 나이가 달라지지 않겠지만 우리의 인생처럼 나이 들어가는 것 같았다. 다만 아무리 오래되었다고 해도 곰인형이 있는 공간의 분위기는 포근했다. 묵묵하게 한 자리를 지키고 있는 모습에서 안정감이 있었고, 폭신한 분위기에서 편안함이 있었다. 빈둥거리는 것처럼 누워 있어도 밉지 않았고, 커다란 뱃살이 푸근하게 보였다.

어쩌면 나는 곰인형처럼 살고 싶고, 곰인형을 꿈꿨다. 빈둥거리는 삶을 좋아하다가도 지루한 것은 싫고, 소란스러운 것도 싫다면서도 소심해 누가 먼저 말을 걸어주길 바랐다. 누군가의 오랜 추억을 떠올리게 하고 싶고, 마음속 깊은 곳에서 숨어 있던 꿈을 꺼내주고 싶었다. 같은 자리에서 다정하고 조용하게 늘 곁에 머무는 존재이길 바랐다.

한 걸음을 떼면 열 걸음은 수월하고, 하루를 버티면 한 달은 금세 흐른다. 한 걸음씩… 하루씩… 감정에 따라 삶을 충실히 살다 보면 어느새 삶은 변한다. 무언가 이룬 것이나 눈에 보이는 성과가 없어도, 마음이 단단해진 것만으로 충분히 멋진 삶을 산다. 곰인형처럼 살고 싶은 마음으로 매일 곰인형을 쓰다듬다 보니까 어느새 나도 조금은 다정해져 있었다.

인맥이 없기에 열심히

　예전에는 모든 걸 혼자 하길 바랐으나, 요즘엔 혼자 보다 함께 하길 바란다. 함께 꿈꾸며, 함께 나아가며, 서로의 의미를 발견하길 바란다. 공저로 책을 만들고, 작가와 협업하여 프로젝트를 진행하고, 강연도 혼자보다 둘이 하는 것이 더 좋다. 혼자만의 경험으로 모든 것을 채우는 것은 무리이기에 여럿이 함께하면 더 나은 방향으로 흐른다.

　하지만 인간관계가 넓지 않아서 뭐든 필요할 때 적절한 인맥을 발견할 수 없다. 혼자서 할 수 없는 일이 있을 때, 도와주거나 함께해 줄 누군가를 발견하지 못하면 그 일은 무산된다. 그렇다고 인맥을 찾기 위해 여기저기 돌아다닐 수도 없는 노릇이니 한계가 있어도 뛰어넘고자 노력하진 못했다. 어차피 인맥이 한정적이고, 새로운 사람들을 찾으러 다닐 시간적 물리적 여유가 없다면 그냥 내가 할 수 있는 상태의 최선을 다하기로 했다. 혼자서 할 수 있는 것 중 나만 할 수 있는 것을 찾고, 새로운 사람들이 아닌 주변 사람들과 재밌게 할 수 있는 일을 발견하는 쪽으로 방향을 틀었다. 그러니까 따로 또 같이, 함께 만드는 것에 의미를 부여했다.

책방의 운영에 있어서 '함께'라는 의미는 조금 달랐다. 단순히 어떤 프로젝트의 일원으로 누군가와 함께 하는 것이 아니라, 하나의 공간에서 함께 머무는 것에 더 의미가 있었다. '머문다'라는 포괄적인 범위에서 사람들이 갈 수 있는 공간은 굉장히 많았다. 도서관이나 서점, 카페, 놀이동산, 쇼핑몰, 맛집 등등… 무한의 공간에 하필 책방에 와서 함께 머문다는 것은 손님과 책방지기 모두가 함께 만들어야만 하는 것이다. 선택의 폭이 넓은 세상에서 이곳을 고른 사람들이 여기에 머무는 동안 그들이 주인공이라는 사실을 알려 주어야만 더 오래 머물고 싶어질 것이다.

우스갯소리로 책방 장사 잘되게 하려면 동네에서 가장 큰 교회나 성당에 나가 열심히 활동하거나 동 대표나 마을의 중요한 사람이 되어야 한다고 말한다. 다만 그런 활동으로 장사를 한다면 이왕이면 더 많이 남는 직종을 선택하는 것이 나은 방법일 수 있다. 버는 돈이 별로 없다고 세금도 내지 않는 직종인 책방을 굳이 할 필요는 없다. 나는 그런 인맥으로 장사를 하고 싶지 않았기에 더 열심히 일해야만 했다.

여기에 오고 싶지 않거나 왔을 때 별로인 사람이 있다고 하더라도, 적어도 몰라서 못 오는 사람이 없길 바라며, 할 수 있는 한 최선을 다해 많은 곳에 책방과 책방의 프로그램이 알려지도록 노력했다. 여기 꼭 와야 할 이유를 만들어 줄 다양한 핑곗거리들을 준비하고 그로 인해 발길을 할 수 있도록 최선을 다했다.

가장 많은 부분을 차지한 것이 온라인 홍보였다. 블로그와 인스타그램을 중심으로, 유튜브와 X까지 총동원하여 열심히 책방의 모습을 다방면으로 소개했다. SNS 특성에 맞게, 알고리즘으로 연결될 많은 사람을 기대하면서 단순한 책 소개나 공간 소개가 아닌 책방지기의 취향을 더 많이 알리는 것에 주력했다. 예를 들어, 고양이를 좋아한다거나 프라모델을 좋아한다거나 여행을 좋아한다거나 술을 좋아한다거나, 좋아하는 가수나 음악을 알리거나 다양한 취향들을 때에 맞춰 적절하게 이야기했다. 덕분에 비슷한 취향을 가진 사람들이 알고리즘을 타고 연결되었다. 물론 그렇다고 책방 손님이 늘어난 것은 아니었다. 다만, 언젠가 꼭 와보고 싶은 책방으로 손꼽는다는 것만으로 꽤 만족하는 결과였다. 그래서인지 연휴나 빨간날, 혹은 방학 시즌이면 멀리서 왔다고 인사하는 손님들이 있었다. 오고 싶어 왔다는 사람들과 인사할 때 그들이 다시 또 놀러 올지는 모르겠지만 기분이 너무 좋았다. 다시 안 와도 괜찮았다. 그냥 기억하고 있었다는 것이 좋았고, 내가 열심히 소개한 것이 많은 사람들에게 닿았다는 것에 행복했다. 책방지기는 인맥이 없어도 한 다리만 건너도 충분히 만날 수 있는 세상에 살면서 낯선 사람과 편하게 이야기 나눌 수 있다는 현재를 가장 자주 체험하는 직업이었다. 그리고 이 직업은 과거의 감성에 빠진 것이 아닌, 최첨단 인류의 상징으로 여겨도 좋겠다는 쓸데없는 상상을 했다. 이대로라면 모든 직업이 사라져도 책방지기만은 사라지지 않을 것이다.

자발적 야근과 꿈꾸는 삶

쉬는 날 출근하고 싶은 것, 일찍 끝나는 날 퇴근하고 싶지 않은 것처럼 청개구리 같은 마음은 늘 나를 힘들게 했다. 쉴 때 쉴 수 없는 것과 쉬어야 할 것을 알면서도 더 나아가려는 마음 때문에 언제나 고통은 내 몸이 간수했다.

더 잘하고 싶고 누구보다 앞서고 싶은 마음을 내려놓아야 편한 걸 알지만 쉽지 않았다. 경쟁하는 사회에서 살면서 일등을 바라는 세상 탓이라고 말했다. 그러나 그냥 내 마음 때문이었다.

어떤 분야에서 열심히 해서 전문가가 된다는 것은 어떤 일을 할 때 누구보다 빠르게 할 수 있기도 하고 누구보다 잘할 수 있기도 하다. 어느 쪽이든 전문가가 된다는 것은 시간 대비할 수 있는 것이 많아지는 것을 의미한다. 그런데 책방지기가 된 후로 이 직업에서 '전문가'란 있을 수 없다는 걸 알았다. 큐레이터나 독서 모임 전문가가 있을 수 있지만 그렇다고 해서 그들이 책방을 잘 꾸린다는 보장은 없다. 청소를 잘하거나 정리를 잘하거나 고객 관리를 잘한다고 책방의 전문가라고 부르기 어렵다. 오래 운영하며 자연스럽게 터득한 노하우가 있을 수 있겠지만, 그건 그 책방에만 국한된 것이다. 모든 상황에 대입했을 때 그 방법이 다 맞는 것인지 알 수 없기에 전문가라 하기는 어렵다. 그런데도 이 일을 하면서 일을 더 빠릿빠릿하게 하거나 제대로 하기 위해 노력했다. 다른 사람이 하지 못하는 것까지 혼자 힘으로 해내기 위해 잠을 줄이고 취미를 줄이고, 시간을 쪼개 열심히 일했다. 그런데 이렇게 일을 할수록 오히려 체력이 소모되어 피로가 쌓였다.

처음으로 슬럼프가 찾아왔을 때야 비로소 내가 잘못 생각하고 있다는 걸 느꼈다. 시험을 보는 것이 아니니 일등이 존재할 리가 없었다. 게다가 뚜렷하게 무엇을 목표로 삼지도 못한 채 나는 그저 몸만 힘들게 일하고 있었다. 잠시 쉬며 내가 처음 책방을 꾸리고 싶었던 이유를 떠올렸다. 그러다 점차 어릴 때 꿈이 무엇이었을까, 거슬러 올라갔다.

어릴 때, 나는 시인이 되고 싶었다. 그런데 시인이

되는 건 누구의 꿈이 될 수 없었다. 사람들에게 "시인이 꿈이에요!"라고 말하면, 돈을 벌 수 없는 직업은 꿈꾸지 말라고 했기 때문이다. 그래서 대학 입시 때 문예창작과와 광고홍보학과에 동시에 합격했을 때 선택은 광고홍보 쪽을 해야 했고, 등록금까지 냈어도 추추추가를 거쳐 입학 삼일 전 피부미용과에서 최종 합격 통보를 받고는 광고홍보과를 취소하고 피부미용과에 입학했다. 꿈의 기준이 하고 싶은 일이 아닌, 먹고살기 좋은 일이어야 한다고 스스로도 생각했다. 그런데 결국 나는 돌고 돌아 "먹고살 수 있어?"라고 사람들이 묻는 '책방지기'라는 직업을 선택했다.

어떤 사람은 삶의 목표를 향해 차곡차곡 인생을 쌓아간다지만, 나는 애초에 목표나 꿈이 없이 즉흥적으로 살았다. 그러면서 자연스럽게 하고 싶은 것을 해왔다. 그런데 이게 꿈이라면, 꿈이란 소리 없이 숨어 있다가 멍하게 인생을 되돌아보면 '내가 하고 싶던 건 이게 아니었는데….'라며 슬그머니 나타난다고 정의하고 싶다. 그래서 대학을 선택한 것과 상관없이, 유학을 다녀오는 것과 상관없이 나는 여행 작가의 길을 갔고, 결국 출판과 서점으로 꿈의 방향을 틀었다.

어쨌든 나는 돈을 많이 버는 것이나 내가 하는 일에 최고가 되길 바란 건 아니었다. 부자가 되는 걸 꿈꾸지 않았다. 그냥 글을 쓰고 사진을 찍고 영상을 찍고, 그걸 누군가에게 공유하는 것을 즐겼다. 무언가를 만들어 내는 과정과 내가 쓴 글과 사진이나 영상을 정리하는 순간을 좋아했다. 다시 말해, 실력을 쌓는 것이 아니라, 그 과정을 즐겼다. 글이 써지지 않아 좌절도 해 보고, 어떤 날은 너무 멋진 사진을 찍어서 만족해 보기도 하고, 때로는 영상 한 편의 조회수가 높아져 기분이 좋았다가, 내가 쓴 글을 읽은 누군가의 칭찬을 받으면 우쭐해지는 그 순간을 사랑했다.

낭만은 실력이 쌓여 가는 때에 더 쌓인다. 실수도 하고 노력도 하고 어리바리할 때, 흘리는 눈물이 많고, 길이 보이지 않아 방황도 하고, 완벽하지 않다고 자책도 하는 그 모든 과정에서 낭만이 숨 쉰다. 완벽하지 않은 모든 순간이 바로 낭만일지도 모른다.

돈을 많이 버는 직업을 선택했다고 하더라도 그게 꿈이라고 말하기엔 내가 원했던 것이 아니었으니, 일을 하면서도 여행을 다니고, 사진과 영상을 찍고, 글을 쓰는 삶을 살았고, 그게 결국 지금 책방지기가 되는 발판이 되었다.

고양이랑 노는 것이 직업이라면 얼마나 좋을까

퇴근하고 집에 들어오면 고양이들이 주섬주섬 문 앞으로 나온다. 늦게 들어올 때 특히 살갑게 다가와 야옹거리며 반겨준다. 사람에겐 24시간 단위로 흘러가는 하루의 시간이 고양이에게 5배나 빠르게 흐른다. "일하러 갔다 올게!"라고 출근할 때 인사를 꼭 하는데, 그 짧은 시간이 고양이에게는 어쩌면 인간의 며칠의 시간만큼이나 긴 시간이었으리라. 그 지루함의 시간을 보상받고 싶은 듯 가끔 고양이는 안겨 떨어지지 않으려고 한다.

책방 휴무일이라고 해도 공휴일이 아닌 평일 낮에는 택배 업무차 책방에 갔다. 주문이 들어와 나가는 택배가 있었고, 받을 택배도 있었다. 그러다 보낼 것과 받을 것 모두 없는 날이면 온전히 나의 쉬는 날이었다.

집에서 빈둥거리는 집사를 고양이들이 반겨줄 것 같았으나 고양이들은 할 일 없이 집에 머무는 집사에게 노동을 강요했다. 늦잠을 자지 못하게 밥을 달라고 조르고, 놀아 달라고 조르고, 안아줘야만 하고 하루 종일 집사의 손길을 바랐다. 늦잠 좀 자고 싶다고, 나 좀 내버려 달라고, 고양이들에게 하소연하지만, 고양이와 매일 노는 것이 직업이라면 나는 평생 행복할 수도 있겠다는 헛생각이 들었다.

내 인생에서 고양이를 빼고 이야기하기 어렵다. 2004년부터 지금까지 쭉 고양이와 산다. 글을 쓸 때도, 책을 만들 때도, 고양이는 내게 좋은 뮤즈다. 책방을 운영하고자 했을 때도 가장 먼저 '고양이를 테마로 한 책방'을 떠올린 건 어쩌면 당연하다. 하지만 내 첫 고양이 뚜름이는 책방 오픈을 한 달 앞두고 있을 때 별이 되었다. 그래서 정말 보여 주고 싶었던 책방의 모습을 보여줄 수가 없었다. 그래도 두 번째로 입양했던 고양이 구름이가 있었기에 책방 오픈 첫 모임으로 고양이와 함께하는 영화 관람 모임을 잡았다. 고양이가 있는 공간에서 고양이 영화를 보는 모임이었다. 구름이는 당시 16살의 노령 고양이었지만, 워낙 사교성이 많고, 내가 입양하기 전에 외출냥이었던 성격 때문인지 손님들을 반겼다. 암막 커튼을 갖춘 어눅어눅한 다락방, 꽤 고민해서 골랐던 성능 좋은 빔 프로젝트와, 60인치의 커다란 스크린, 그리고 고양이 영화와 고양이가 돌아

다니는 책방의 조합은 나쁠 수가 없었다. 정말인지 고양이를 돌보는 것이 책방 업무라면 나는 평생 책방지기로 살겠다고 마음먹었다.

책방 손님들도 고양이의 존재를 좋아했다. 책방 후기 중 '고양이가 마음껏 돌아다닐 수 있는 곳'이라고 표현했던 것이 인상 깊을 만큼 고양이를 좋아하는 사람들이 책방에 왔다.

책방 2년 차에는 책방 손님이 임시 보호를 부탁했던 고양이 '여름이'를 내가 입양하기로 하면서 책방의 새로운 동반자가 되었다. 노령묘 구름이와 아깽이 여름이를 온종이 같이 있게 하기 어려우니 여름이를 책방에 데리고 다닌 것이다. 여름이는 처음에 책방에 잘 적응했었는데, 중성화 수술을 한 이후로 성격이 완전하게 변하면서 책방에서 낯선 사람들의 방문에 두려움을 느꼈다. 당시 셋째로 아름이까지 입양하면서 더는 고양이를 책방에 데려오지 않았다. 집에서 구름이, 여름이, 아름이가 아주 사이좋게 잘 지냈기에 굳이 불편하게 책방에 데려갈 이유는 없었다. 그러나, 구름이가 별이 되고 일 년쯤 지난 2023년 가을, 집에 들어가는 남편을 어떤 고양이가 따라 들어와서 얼떨결에 구조했다. 털이 밀려 있는 하얀 고양이는 누가 봐도 유기묘였다. 밖에서 얼마나 있었는지 모르고 혹시 모를 전염병이 있을 수 있으니 일단 책방으로 데려갔는데, 주인이 나타나지 않아 결국 내가 입양했다. 이름은 다름이라고 지었다. 그 뒤로 여름이 아름이와 합사를 시도했으나 합사가 잘되지 않아 다름이는 집과 책방을 오가는 출퇴근 고양이로 산다.

고양이 집사로 사는 건 많은 준비가 필요하다. 고양이와 함께 산다고 모두가 집사가 되는 건 아니다. 그리고 집사가 되었다고 해도 여러 고양이를 반려하려면 고양이들의 성격에 맞춰 필요한 것을 제때 챙겨야 한다. 고양이가 좋아하는 것과 싫어하는 것, 그리고 고양이를 위한 시간을 충분히 가져야 한다. 고양이를 키우며 책방도 고양이를 반려하는 것과 비슷하다고 생각했다. 무엇이 필요한지, 어떤 것이 장점이고 단점인지, 이 공간을 꾸리기 위해 끊임없이 관찰해야 했으니 말이다. 그리고 숨어 있길 바라지만 더불어 존재를 알아봐 주기 바란다는 점도 비슷했다. 책방이든 고양이든 사람들이 찾을 땐 숨도 쉬지 않는 것처럼 조용하길 바라면서 정작 아무도 보이지 않으면 제발 알아봐 달라고 소리를 친다. 이런 마음은 청개구리일까. 소란스러움을 견디지 못하면서 고요함이 싫은 양면성일까. 양면성으로 고요함과 소란스러움을 모두 사랑하고, 사랑하면서 싫어한다는 수천 가지 감정도 다양하게 느낀다.

책방의 시간이 오래된 만큼 여러 고양이와 함께한

시간도 흘렀다. 처음 책방을 열었을 땐 가끔 구름이와 출퇴근을 같이했다. 그러다 여름이와 같이 다녔고, 최근에는 다름이와 함께한다. 구름이는 파리에서 살 때, 어느 유학생이 버리고 간 고양이를 다른 사람이 맡아 키우다가 나에게 온 묘연이었다. 여름이도 길에서 구조한 아이였고, 다름이도 버려진 유기묘다. 책방의 가치관을 '버려진 것과 남겨진 것의 공존을 바란다'라고 말하는데 고양이들과 출퇴근을 하면 내가 바라는 가치관을 잘 지키고 사는 것 같았다. 그리고 책방을 처음 오픈했을 때, 사람보다 '고양이가 더 편하게 오는 곳'이었으면 좋겠다고 생각했는데 그런 면에서도 첫 마음을 잘 지키고 사는 것 같아 좋았다.

고양이와 함께 출퇴근하더라도 고양이는 내 옆에 머무는 것이 아니라 책방 어딘가에서 자기가 가장 좋아하는 자리를 찾아 잠을 잔다. 눈에 보일 때보다 보이지 않을 때가 더 많지만 같은 공간에 함께하는 존재가 있다는 것만으로 나는 그 시간과 세월과 공기를 삶의 의미로 삼았다.

그리고 책방의 시간도 고양이와 함께하는 것과 비슷했다. 매일 같은 곳에 머물며 그저 흘려보내는 것 같지만 사실은 나는 차츰 이 공간에 스며들어 삶을 살아내고 있었다. 일상으로 치열하게 마주한 내 삶의 현장이다. 그리고 먼 훗날 이곳이 사라지면 나는 낭만에 젖을 것이다. 지금 마음이 그때는 겨울잠이 되어 봄이 될 때까지 차가움 속에 머물 것이다. 그리고 별이 된 고양이의 사진을 늘 품고 있는 것처럼 이곳에서 만든 장면들을 가슴속에 품고 언제나 기억할 것이다.

먹고살 만한가

2009년에 처음 여행책을 출간하고 여행 작가가 되었다고 말하니 사람들은 먹고살지 걱정했다. 이후로 여행 작가라 불리는 수많은 인플루언서가 탄생하며 먹고살 걱정이 없는 직업이라고 여겨졌지만, 처음 내가 여행 작가로 활동할 때는 사람들에게 내 직업을 쉽게 말하지 못할 만큼 시선이 초라했다.

요즘은 책방을 한다고 하니 또 그런 시선을 받는다. 어디서 어떤 책방을 하는지 묻는 사람보다 '먹고살 만한가'를 더 먼저 물었다.

얼마를 벌어야 먹고살 수 있는지 사실 잘 모르겠다. 내가 가난한 것인지도 모르겠다.

나는 작은 집과 두 대의 차가 있고, 오피스텔도 소유한다. 책방을 시작할 때 받은 대출금은 현재 다 갚았다. 그래서 집과 차를 포함해 내가 가진 빚은 단 하나도 없다. 매년 1회 이상 유럽 여행을 다니고 매일 와인이나 맥주를 마시며 드라마를 보는 여유도 있다. 이 정도면 부자가 아니라도 좋아하는 것을 하고 취미도 있고, 여유도 있다고 생각하는데 사람들은 계속 '먹고 살 만한지'를 궁금해한다. 그런 시선을 보내는 사람에게 보란 듯이 돈 펑펑 쓰는 모습을 보이고 싶지만 현실은 그럴 여유가 없다. 일하다 보면 취미생활 즐기기에도 시간이 빠듯한데 사치를 누릴 시간도 여유도 돈도 없는 게 당연하다. 만약 의외로 돈을 많이 버는 시기가 있다고 해도 그 돈을 허투루 소비하지 않는다. 여윳돈이 부족한 시기를 위해 일부는 예비비로 보관하고, 일부는 투자금의 목적으로 각기 다른 통장에 모아 놓는다. 신간을 제작하거나 굿즈를 제작하거나 작가 섭외를 하는 등 지출해야 할 비용을 위한 돈이다. 이렇게 나눠 둔 통장만 여러 개다. 위탁 판매 정산과 작가 인세 정산을 위한 비용, 현재 추진 중이나 아직 제작하지 않는 도서의 제작비를 각각 나눠 저금하고, 최소 3개월의 월세를 따로 모아 다른 통장에 넣어 두고, 혹시 모를 책 제작이나 굿즈 제작을 위한 비용도 또 다른 모으기 통장에 넣어 놓는다. 여기에 매년 여행을 다니기 위한 자금은 매달 일정의 비용을 저축하는 일 년짜리 적금을 붓는다. 돈이 여러 카테고리로 분류되어 있지만 합쳐도 겨우 얼마 되지 않는 돈이다. 가끔 여유가 있을 때 큰 비용이 쌓이긴 하는데, 원금 보존의 법칙에 따라 곧바로 다음 달에 쏙 빠져나가 결국 가진 돈은 늘 비슷하다. 그리고 이런저런 돈에는 노후를 위한 저축은 포함되지 않아서 노년의 삶은 어떻게 꾸릴 수 있을지 걱정이 되는 건 사실이다. 그런데 생각해 보면, 매년 유럽 여행을 다니는 자금이나, 책 제작이나 굿즈 제작 비용을 줄이고, 예비비를 저축으로 돌린다면 노후 자금을 충분히 마련할 수도 있을 것이다. 그런데 나에겐 나중이 아니라 지금이 더 중요했다.

결국 사람들의 시선에 눈과 귀를 닫고 넌씨눈 작전을 펼치기로 했다. "먹고살 만해요?"라고 물어보는 사람에게는 "하루 세끼 꼬박 챙겨 먹어본 적은 없어도 살아지더라고요."라든지, "먹고살기 위해 책을 팔고 있는데, 도와주실래요?"라든지, 여러 답변을 통해 시선을 회피했다.

책방 운영에 있어 큰돈을 버는 것을 목표로 하는 것보다 오래 지속 가능한 것을 꿈꿨다. 거창한 성공이 아닌, 롱런하는 것, 그게 내가 바라는 거다. 그러기 위해서는 사람들에게 보이는 모습이 중요치 않았다. 내가 가난한지 부자인지 그건 나만 알면 되는 것이지 굳이 겉으로 드러낼 필요는 없었다. 사람들에게 알리고 싶은 건 금전적인 부분이 아니라 내가 이 공간에서 얼마나 행복한지, 내가 좋아하는 일을 하면서 어떤 꿈을 꾸는지, 그런 모습이었다.
 고양이가 깨우는 아침이 행복하고, 너무 바빠 늦은 점심을 먹어도 힘들지 않고, 비타민이나 영양제를 먹으며 버티면서도 사람들에게 다정한 미소를 보낼 수 있는 이 삶은 단순히 먹고살 만한 것과는 차원이 다른 가치가 있었다.

앞으로의 책방에 대한 꿈

정기적으로 떠나는
산티아고 순례길과 파리

 여행 작가로 활동하다가 책방을 오픈했다고 하니 대부분의 사람이 "여행 못 가서 어떻게요?"라고 물었다. 처음에는 나도 공간을 유지하려면 여행을 가지 못할 거라고 여겨서 그런 질문이 이상하지 않았다. 정말인지 첫해는 여행을 떠날 엄두를 내지 못했다. 여행뿐 아니라 언제 쉬어야 하는지 휴무를 정하는 것도 오래 걸렸다. 새로운 일에 적응하는 것이 쉬울 리가 없었다. 그러다가 좋아하는 일을 하고 싶어서 시작한 건데 정작 나를 위한 시간을 마련할 수 없다면 이 일이 내게 좋은 일이 아닐지도 모르겠다고 생각했다. 그래서 산티아고 순례길로 떠나는 항공권을 예매했다. 파리와 산티아고 순례길, 둘 중 한 곳을 가려고 하다가 파리를 경유해서 산티아고 순례길에 가는 것으로 정했다. 이

왕 여행을 떠날 거라면 아예 한 번에 길게 다녀오겠다는 마음이었다. 이게 처음이자 마지막이 될지도 모른다고 생각했다. 그러나 결국 3주 간의 이 여행을 토대로 이후에는 더 자주 여행을 떠나게 되었다. 자영업자가 길게 여행을 떠나는 게 미친 짓이라고 주변에서 말했지만 생각보다 여행 이후로 달라진 것은 없었다. 그래서 틈만 나면 떠날 준비를 했다. 다만 그게 매번 파리와 산티아고 순례길이었다는 것이 특징이라면 특징이다.

나는 여러 가지 면에서 하나에 꽂히면 그걸 오래 유지한다. 예를 들어, 하나의 휴대전화 번호를 꽤 오래 가지고 있다거나, 하나의 책을 오래 읽는다거나, 좋아하는 음식은 매일 먹어도 질리지 않는다거나 다양한 면에서 새로운 시도가 아닌 오랜 습관을 즐긴다. 여행에서도 마찬가지다. 하나의 여행지를 좋아하면 그곳에 자주 방문한다. 누군가는 갔던 곳을 왜 또 가냐고 묻기도 하는데, 시간이 날 때 좋아하는 곳을 여러 번 방문하는 것에 관해 설명할 자신이 없다. 새로운 다양한 곳을 방문하는 것도 좋겠지만, 나는 내가 가장 편안하게 느끼는 여행지에서 쉬다 오는 걸 좋아한다. 그래서 정기적으로 산티아고 순례길과 파리로 떠났다.

파리는 오래전 내가 살았던 곳이다. 2001년 3월 28일부터 2006년 9월 30일까지 나는 파리에서 살았다. 20대의 대부분을 파리에서 보내서 파리는 나의 젊은 시절이 고대로 녹아 있다. 가장 가난했고 가장 외로웠고 가장 쓸데없었지만 가장 열정적이던 시절이 바로 파리에서 있을 때였다. 그래서 파리에 가면 그 시절의 내가 떠올라서 좋았다. 휴대전화가 없어도 사람을 만날 수 있었고, 편지를 주고받았고, 라디오 하나와 TV 하나만 있어도 사람들이 모이던 그 시절이 기억났다. 그래서 자주 갔다.

그리고 산티아고 순례길은 내가 좋아하는 여행지다. 2013년 처음 걸은 후, 2016년, 2019년, 2022년, 2025년… 짧게는 80km, 많게는 675km까지 자주 다양한 길을 걸었다. 책방 영업을 2018년부터 시작했으니, 책방 영업 이후에도 벌써 3차례나 다녀왔다. 평소에 걷는 것을 무척이나 싫어하다 보니까, 내 의지로는 어디를 걸어갈 수 없는데, 산티아고 순례길은 나를 일어나 걷게 해 준다는 의미로 좋았다. 그리고 몸 안에 있는 나쁜 공기를 모두 빼내어 새로운 공기로 채우는 것도 좋았다. 아무 말을 하지 않아도 좋았고, 사람들을 만나 이야기하는 것도 좋았다. 다양한 날씨 변화와 여러 변수를 만나면서 일상에서 겪을 어려움에 미리 대비하는 느낌도 좋았다. 짧게 다녀오거나 길게 다녀오거나 상관없이 나는 매번 단단해져 왔다. 그래서 가장 힘들 때 오히려 나는 산티아고 순례길로 떠나 마음의 안정을 얻었다.

자주 다니다 보니 지도가 필요하지 않고, 하루를 빠

듯하게 보낼 필요도 없다. 느긋하게 온전히 아무것도 하지 않는 날의 빈둥거림도 그곳에서는 여유롭기 때문이다. 새로운 정보를 매번 찾아야 하는 여행지는 떠나기 전부터 신경 쓸 것이 많은데 자주 가는 여행지는 그런 스트레스가 적기 때문에 떠나는 마음이 편하다. 그래서 나는 유럽에 매년 1회 이상 다녀올 수 있도록 최소 200만 원의 적금을 붓는다. 직항 일반석 기준으로 항공 왕복에 대략 120~150만 원 정도 쓰고, 숙박과 교통 등으로 100만 원 정도 쓰고, 나머지 50만 원 정도를 경비로 쓴다면 270~300만 원 정도면 유럽에 충분히 다녀올 수 있었다. 모았던 200만 원에 여행을 떠나는 달에 쓰는 평소 생활비를 합치니 유럽에 다녀오는 것이 크게 부담 없었다. 그리고 이렇게 다녀와야 새로운 아이디어도 떠오르고 더 열심히 일해서 다시 여행을 떠나고 싶은 마음이 생겼다. 돈을 썼기에 벌겠다는 의지가 한층 더해지면 에너지도 솟았다.

세계관이 넓어지고 싶어서 2024년 겨울에는 도쿄 아트북 페어를 찾았다. 그 안에서 만난 책의 세계는 내 상상력을 자극했다. 한국의 북 마켓에서는 늘 비슷한 책들만 있고, 자꾸만 더 나은 퀄리티로 향해가고 있었는데, 도쿄의 아트북 마켓은 누구보다 확실한 자신의 색깔을 가진 책들의 전쟁이었다. 그 무엇도 비슷하냐고 생각할 수 없었다. 다양한 국적의 작가들이 섞여 있었고 그들의 나라나 연령을 떠올리지 않는 다채로움도 마음에 들었다. 즉석에서 책을 만들어 주거나, 유명한 작가가 있는 것이 아니라 개인 작품으로 활동하는 개인 작가가 훨씬 많았다. 언젠가 나도 이 공간에서 내가 만든 책을 팔고 싶다는 욕망이 솟아올랐다. 그래서 많이 팔릴 수 있는 책이 아닌, 사람들이 재밌게 볼 수 있는 오프라인 중심의 책을 만들겠다고 마음먹었다. 도쿄 아트북 페어에서 만난 세상에서 더 발견하고 싶어 파리 북 페스티벌을 계획했다. 파리 북 페스티벌은 아트북 마켓의 형태는 아니지만 프랑스의 다양한 출판사 책들을 한자리에서 볼 수 있다는 점에서 의미가 있었다. 프랑스 문학을 좋아하고 20대의 대부분을 파리에서 살았기 때문에 파리의 책에 익숙한 내게는 좋은 경험이라고 생각했다. 확실히 파리의 북 페스티벌은 도쿄 아트북 마켓과는 완전히 달랐다. 한국의 서울국제도서전과 비슷하지만 다른 느낌의 행사였다. 파리의 고풍스러운 건물에서 마치 놀이동산에 온 것 같은 인테리어와, 답답하지 않은 실내가 인상적이었다. 크지 않은 부스는 마름모 모양으로 배치되어 있어서 딱히 동선이 정해져 있지 않은 구조였다. 그래서 돌고 돌고 돌아야 했는데, 그러다 보니까 보이지 않을 것 같은 책을 발견했다. 그리고 모든 부스에 작가가 앉아 있는지 사인을 하는 작가들을 부스마다 만났다. 획기적인 디자인의 책이나 아는 작가의 책은 거의 없었지만 몇 시간을 머물더라도 볼거리가 가득해 놀라웠다. 게다가 끌리듯 책을 네 권이나 구매했다. 그 어떤 호객 행위도 없었는데, 책을 스스로 구매하게 만드는 것이 북 마켓의 분위기였다.

어쨌든 짧은 순간 다녔던 여행이 내 삶을 갑작스럽게 변화하지는 않을 것이다. 그러나 몇 번의 여행으로 나는 앞으로의 방향성에 대해 많은 것들을 정리했다.

다니다 보면 새로운 것은 창조하는 것이 아니라 발견하는 것이라는 말이 이해된다. 책을 많이 읽으면 다양한 세상을 만난다고 하지만, 책 속의 세상은 상상에 불과하다. 그 상상의 실현을 만나기 위해선 익숙하지 않은 낯선 곳을 찾아서 그 안에서 다양한 관점으로 관찰해야만 한다. 산티아고 순례길도 여러 계절을 다녀 보면 계절마다 다른 점이 분명하게 있는데 그것을 발견하는 것도 다녀봤기에 가능하다. 오래 익숙한 것을 좋아해서 무엇을 해도 오래 하는 걸 즐기지만 그 오래됨이 정체됨이 되지 않도록 자주 변화한다. 그리고 같은 여행지를 가더라도 매번 다른 것을 얻고 오려고 노력한다. 책방에서의 시간도 7년이라는 긴 시간이 지나온 만큼 여기서 그대로 머물지 않도록 계속 변화를 시도한다. 사람들은 그대로 멈춰 있다고 생각하겠지만, 나는 이 속에서 끊임없이 무언가를 변화했다. 세상이 변하는 만큼 세상에 일부 맞춰가기 때문에 사람들은 변화에 더딘 것일 뿐, 어제 온 손님이 오늘 또 온다고 해도 무언가 반드시 달라진 것은 있을 것이다.

낭만은 불편한 것

오래전 소매물도로 여행 갔을 때, 저녁 이후로는 전기가 끊겼다. 그래서 전등은 물론 휴대전화 충전도 어려웠다. 깜깜한 밤에 할 수 있는 것이 없어서 그대로 잠을 청해야 했다. 이런 상황을 알고 떠난 것이지만 막상 겪어 보니 불편함이 한둘이 아니었다. 하지만 불편함도 잠시, 도시에서는 절대로 보지 못했을 밤의 하늘을 마음껏 바라봤다. 할 일이 없어 일찍 잠들었더니 이른 새벽 일어나 어둠 속에서 서서히 빛을 발하던 일출 풍경도 감상할 수 있었다.

오래전 여행을 떠날 때는, 잔뜩 자료를 수집했다. 지도를 구하고, 지도에 표시하고, 도시에 도착하면 어느 출구로 어떻게 빠져나가서 어느 위치에서 버스나

지하철을 타는지, 그리고 내린 후 어디로 나가서 어떻게 찾아가는지 모든 동선을 다 체크하고 복기하며 긴장감 속에 여행을 떠났다. 내가 미리 조사하지 않은 정보들을 알 수 없으니 갑자기 닥친 상황에서는 불안함만 가득했다. 하지만 그랬기 때문에 도움의 손길을 많이 받았다. 길을 잃었을 때 제대로 된 길로 향할 수 있게 도와준 많은 고마운 사람이 있었고, 약속 장소와 시간을 정해 그곳에서 사람을 만나는 설렘과 기다림의 시간이 있었다. 누군가를 만나면 서로를 바라보며 대화했고, 멀리 떨어져 있을 때는 편지로 이야기를 주고받았다.

잠깐 혼자 밥을 먹거나 커피를 마시는 순간에도 휴대전화를 열어 SNS나 OTT 영상을 보는 시대다. 이런 삶에 익숙한 사람들은 옛날에 휴대전화가 없던 시절은 혼자 있으면 심심했을 거라고 말했다. 그럴 때마다 나는 외롭지 않았다고 이야기했다. 지금이야 그때가 불편했다고 생각했지, 그 당시에는 그게 불편함인지 전혀 몰랐다. 전기가 끊기니 손전등을 준비해 가라는 말에 손전등과 필기구를 준비했고, 인터넷이 안 되어 정보를 알지 못하는 곳에 간다는 말에 나만의 지도를 만들었고, 영화를 보며 그 지역의 감성을 배웠다. 영화 속에 나온 동네를 돌아다니며 책을 읽고 광장에 앉아 빈둥거렸고, 지켜질지 알 수 없이 사람들과 어디서 언제 만나자고 약속했다. 기차에서 소매치기를 당해 모든 것을 잃어버린 여행자를 위로하며, 가진 건 별로 없었지만 의심 없이 나누던 그 시절은 절대 외롭지 않았다. 그때는 어떤 말로 정의할 수 없었지만, 지나고 나니 구겨 앉던 그곳은 낭만이었다.

만년필

세상은 자꾸만 더 나은 물건들을 내놓지만 사람들은 더 옛것을 그리워하고 오래전 감성을 잊지 않는다. 손 글씨, 다이어리 꾸미기, 필름 카메라, 만년필, 사진 액자…, 우리는 여전히 많은 것을 사랑한다. 책을 읽는 것, 종이책을 사랑하는 것을 포함한다.

나는 오래전부터 만년필을 좋아했다. 파리에서 학교에 다닐 때 여러 친구가 만년필을 쓰는 걸 보고 따라 썼던 것이 첫 시작이었다. 볼펜이나 젤 펜과 달리 알파벳을 쓸 때 부드럽게 흘러가듯 써지는 필기감이 좋아서 만년필을 사용했다. 그러다 한국에 와서는 만년필이 예쁘다는 이유로 계속 썼다. 노트를 꺼내 만년필로 필기한다는 것만으로 왠지 나는 멋진 글을 쓰는 사람일 것 같아서 만년필을 즐겼다. 무엇을 하듯, 기본 마음가짐에 따라 하는 일의 분위기가 많이 달라지는데, 글 쓰는 것도 만년필을 쓰는 것과 아닌 것에 있어서 마음의 차이는 분명히 있었다.

다만, 만년필을 쓰면서 많은 부분이 불편했다. 잉크를 주입하는 것, 세척하는 것, 글씨가 비치지 않는 종이를 찾는 것, 마를 때까지 기다리는 것, 펜촉이 마르지 않고 망가지지 않게 관리해야 하는 모든 것이 불편했다. 그런데도 나는 왜 계속 만년필을 쓰는 건지 생각했다. 사람들이 만년필을 좋아하는 몇 가지 이유를 따져 보면 사각사각 소리가 나는 것을 가장 많이 꼽았는데, 글을 쓸 때 생각보다 사각사각 소리가 크지 않았다. 심지어 연필이나 볼펜도 비슷한 소리가 났다. 그렇다면 왜 만년필을 좋아할까, 그건 어쩌면 느림의 미학 때문일지도 모른다. 힘을 많이 쓰지 않아도 부드럽게 흐르는 잉크 감이 좋고, 빠르게 쓰는 것이 아니라 천천히 쓰는 시간이 좋다. 힘에 따라, 각도에 따라, 종이의 질감에 따라 달라지는 글씨의 개성까지 많은 부분에서 특별함을 느낀다. 그리고 한 장을 채우고 다음 장에 글씨를 쓰려면 잉크가 마르길 기다려야 하는데 그런 시간도 좋다. 그리고 잉크가 다다르면 카트리지를 교체하거나 새 잉크를 충전해야 한다는 점도 마음에 든다. 만년필을 물로 세척하고 마르는 과정을 거치며 또 기다린 후, 깨끗해진 만년필에 새로운 색의 잉크를 넣을지 기존에 쓰던 잉크를 다시 넣을지 고민하는 시간도 좋다. 잉크 지우개가 있는 로열 블루 잉크를 쓸 것인가, 보편적인 까만색 잉크를 쓸 것인가 둘 사이를 저울질하는 것도 좋다.

만년필의 이런 점은 어쩌면 독립서점과 닮았다. 새로운 것을 채우기 위해 기존 것을 깨끗하게 만들어 주는 것은 새로운 책을 채우기 위해 기존 책을 비워야 하는 것과 비슷했다. 불편하지만 막상 필기하면 부드럽게 흘러가는 만년필의 촉처럼 독립서점도 들어왔을 때는 불편하게 느껴져도 오래 있다 보면 익숙해졌다. 무엇보다 가장 닮은 점은 태도다. 어디라도 만년필을 꺼내 노트에 필기하는 그 순간은 기분이 좋은데, 독립서점도 아무리 작고 불편해도 그 공간을 대하는 마음가짐이 왠지 더 특별했다. 오래 보거나 쓸수록 더 매력이 넘친다는 것도 비슷했다.

요즘 책방에서는 만년필 글쓰기 모임을 운영한다. 처음에는 만년필로 단순 글쓰기를 했다면, 그다음에는 릴레이 글쓰기를 했고, 또 다음에는 서로의 질문에 답하는 글쓰기를 했다. 손 글씨의 매력과 만년필이라는 특수성을 살릴 수 있는 다양한 모임들을 계속 운영할 계획이다. 만년필처럼 시간이 지나 가치가 있길 바라며, 꾸준한 모임으로 자리하길 바란다.

손 글씨를 잘 쓰고 싶다

예쁜 노트를 사면 처음에는 또박또박 글을 잘 쓰다가 뒤로 갈수록 글씨가 엉망이 된다. 줄이 쳐 있는 노트에 쓰거나, 책받침이 있어서 라인을 잘 보고 글을 쓴다고 해도 끝까지 잘 쓰기가 어렵다. 손 글씨를 잘 쓰고 예쁘게 쓰려면 어떤 마음을 가져야 하는지 모르겠다.

모든 일이 다 그랬다. 처음 마음은 늘 그대로 갈 것처럼 이어지다가 어느 순간 라인을 잊는다. 비뚤거리며 어디로 가야 할지 길을 잃는다.

그래서 글을 잘 쓰고 싶다. 예쁘게, 라인에서 벗어나지 않게, 올바르지 않아도 같은 크기와 스타일로 일관성을 유지하며 쓰고 싶다.

손 글씨를 잘 쓰고 싶은 마음은 내가 쓰는 원고가

대부분 노트에 끄적였던 이야기들을 엮어 만든 것이기 때문이다. 어떤 생각이 떠오르면 노트에 메모했고, 그 이야기는 대부분 내가 쓴 글의 시초였다. 물론 그 글들은 대체로 짧고 간결했다. 아직 긴 글을 쓴 적은 없었다. 그러다, 언젠가 책을 쓴다면 손 글씨로 초고를 쓰겠다고 마음먹었다.

예전 작가들은 원고지에 원고를 썼다. 그래서 작가들이 출판사에 육필 원고를 들고 오갔다. 손으로 꾹꾹 눌러쓴 원고가 컴퓨터로 타이핑한 원고에 비해 특별히 더 감성적이고 낭만이 있는 건 아니겠지만, 그래도 손으로 쓴 글씨는 필체와 필압, 그리고 감정이 드러난다. 또한 수정이 어렵기 때문에 처음부터 신중하게 쓰는 것에서도 글의 애착이 높아질 수밖에 없다. 어떤 작가의 육필 원고는 소장 가치에 의해 하나의 유물이 되기도 하니 타이핑으로 쓴 원고보다 훨씬 더 가치가 있다고 말할 수도 있다. 그렇지만 손 글씨로 쓴다고 해서 없던 생각이 나는 건 아니다. 글을 고치기 어렵다고 해도 새로운 종이에 다시 작성하면 되니 그것이 또 어려운 건 아니다. 손으로 쓰면 속도가 느리니 컴퓨터로 쓴 원고에 비해 집필 기간이 길어질 수밖에 없고 팔이 많이 아픈 단점도 있다. 그럼에도 손으로 쓴 글에서 감성을 느끼는 건 어쩌면 글을 대하는 태도 때문일지도 모른다.

그래서 나도 책의 초고를 손으로 쓰기로 했다. 그러자 마음가짐이 달라졌다. 예전에는 어딘가에 끄적거리던 메모들이 원고의 초고로 탈바꿈되었는데, 이번 글에서는 하나의 종이에 활자가 되어 써 내려가는 글씨들이 고스란히 디지털로 옮겨졌다. 글을 고치지 못해서 오히려 생각나는 대로 마구 이야기를 늘어놓을 수 있어 좋았다. 단점이라면 키보드를 칠 때보다 펜으로 글씨를 쓸 때 고양이의 방해가 더 많아진다는 것이었다. 가끔 노트를 가방에 넣어 놓지 않으면 종이를 물어뜯을 때도 있었다. 고양이가 물어서 구멍이 뚫린 종이를 바라보며, 이게 바로 낭만이려나 생각이 들었다. 쓴 글뿐 아니라 글을 쓰는 과정까지도 감정이 생기는 모든 순간은 아름다웠기 때문이다.

"책방지기님이 쓴 책이 뭐예요?"

책방을 찾는 사람들은 이상하게도 책방에서 파는 책 중에서 책방지기가 쓴 책을 궁금해했다. 내가 책을 낸 작가인지 아닌지 알지 못한 사람도 그랬다. 왠지 책방을 꾸리는 사람은 작가 혹은 작가 지망생이라는 것을 확신하듯 사람들은 책방지기가 쓴 책을 읽고 싶어 했다. 다행히 나는 여러 권의 책을 냈다. 그러나 사람들이 책을 추천해 달라고 하면 늘 두 종의 책만 건넸다. 하나는 『누구나 가슴속에 산티아고 순례길이 있잖아요』 책이고, 또 하나는 『있잖아, 다음에는 책방에서 만나자』다. 하나는 여행 에세이이고 하나는 소설이다. 여행 작가로의 나를 보여주고 싶은 책과 책방지기로의 나를 보여주고 싶은 두 권의 책을 권했다. 하지만 앞으로는 "손으로 쓴 초고로 만든 책도 있어요!"라고 말할 것이다.

한 번 꾹 눌러쓴 글씨는 지운다고 해도 그 흔적이 남는다. 자국이 남지 않게 책받침을 받치고 쓴다고 해도, 어떤 마음으로 쓰는지 그 감정이 남는다. 글씨를 예쁘게 쓰고 싶은 이유도 어쩌면 내 감정을 가꾸고 싶은 마음일지도 모르겠다. 결국 내가 쓴 글이 나를 대변하듯, 내가 쓴 글씨의 모양도 내 감정을 담기 때문에 나는 앞으로 쓰는 글에서 조금 더 정성을 다해 글을 쓸 것이다.

책방에는 Q&A 노트가 있다

책방 오픈 초반부터 책방 다락방에는 누군가가 고민을 남기면 또 누군가가 답변하는 Q&A 노트가 있다. 엉뚱한 질문과 진지한 질문, 때론 털어놓지 못했던 진심들을 사람들은 Q&A 노트에 던진다. 익명으로 이어지는 노트에 한 줄 이야기를 적는 것, 누군가가 보지 않을 수 있지만 그런데도 생각을 남기는 것은 어떤 마음일까.

때론 해답이 없다는 것을 알면서도 이야기를 꺼내는 것만으로 충분히 답을 발견할 수 있다. 그리고 때로는 타인의 고민에 답하며 스스로에게 필요한 이야기를 스스로 발견한다. 사람들이 책방에서 발견하고자 하는 건 엄청난 지식과 지혜가 아니다. 잔잔한 위로와 휴식, 그리고 낭만일 뿐이다.

사람들이 책방에 남겨 놓은 꿈을 읽으며 꿈꾸는 것, 꿈을 나누는 것, 그리고 설렘을 느낀다. 내가 스쳤던 누군가의 이야기를 보는 것만으로 행복했다. 낯선 사람에게 위로를 건네거나 낯선 꿈을 응원하는 것이 바로 책방지기의 삶이라고 생각했다. 혼자 일하지만 혼자가 아닌 함께 더불어 사는 삶을 사는 것이 책방지기로 사는 가장 좋은 점이었다.

행복을 계속 유지하고 싶어서 순간을 곱씹으며 과거를 떠올리고, 현재에 만족하지 못해 때때로 더 나은 미래를 꿈꾼다. 어떻게 되든, 우리의 미래는 분명 나아질 것이다. 그러나 그런 미래를 마음은 기다려주지 않는다. 힘들다는 이유로, 멈춰 있다는 이유로 점점 초라해진다. 하지만 누군가 실패가 있어야 발전이 있다고 그랬다. 아파봐야 나아질 수 있다는 걸 알지만 막상 내일이라면 객관적으로 마음을 다잡긴 어렵다. 그럴 때 책방에 놓인 Q&A 노트가 내겐 힘이 되었다. 과거의 후회와 미래의 불안정함을 생각하지 않게 만드는 묘한 힘이 있었다. 고민에 달린 답변의 개수가 늘어나면서 그것을 읽는 것만으로 내 마음은 단단해졌다. 그렇게 살아도 삶은 그렇게 살아갈 거라고, 주변에 삶들의 영향이 되어 나를 웃게 해 줄 거라고 믿게 했다.

나 혼자 살기 힘들기에 주변의 삶에 영향을 받으며 쓰지 않아도 될 감정을 소모하며 살았다. 이기적으로 살았으면 나았을 텐데 그러하지 못해 많은 감정을 소모하며 나만 괜찮다면 다 괜찮다고 그저 속으로만 삭이면 된다고 생각했다. 주변을 너무 의식하며 살았기 때문이다. 어쩌면 어린 시절 내가 살았던 세상이 나를 이렇게 만들었을지도 모른다.

옆집 담을 넘나들며 서로의 삶에 관여하고 살았던 시절에는 비밀이 없었다. 같은 골목에 사는 사람들을 다 기억했다. 그리고 그 기억은 몇십 년이 흐른 지금도 생생하다. 그런 삶 때문인지 나는 여전히 사람들의 시선을 의식한다. 타인의 생각에 나를 감추며 살았다. 시절은 변했고 이제는 이웃이 누구인지 중요하지 않았다. 많은 것들을 드러내고 살았을 때의 불편함은 사라졌는데 오래전 살았던 그 집을 여전히 기억하고 그리워한다. 아마도 경험해 보지 않은 시대로의 변화가 두려워서일지도 모르겠다.

그래서인지 사람들의 참견이 가득한 Q&A 노트가 좋았다. 자신의 고집을 겉으로 드러내지 않는 것이 미덕이라고 배웠던 시대와 남이 아닌 자신을 위한 삶을 살라고 말하는 시대의 사람들의 이야기가 이리저리 섞여 전 세대를 아우르는 답변이 소소하게 이어지는 것이 이 노트를 자주 들춰보게 했다.

무엇보다 가장 좋은 점은, 온라인에서 댓글을 다는 것이 아닌 손 글씨로 이어지는 감정이었다.

앞으로 3년 남았습니다

"당신의 생명은 앞으로 3년, 정확히는 3년 4개월 남았습니다. 남은 기간 무엇을 하고 싶으세요?"

책방은 시한부다. 애초에 태어날 때부터 오래 살지 못할 형편이었다. 10년을 바라보며 시작한 일이니까 곧 그날이 다가올 것이다. 그래도 생각보다 쇠약한 몸으로 잘 버텨왔다. 앞으로의 생은 어떻게 살아가느냐가 좌우하겠지만 그래도 판정받은 기간만큼은 버틸 수 있길 바란다.

그러나 요즘 부쩍이나 과연 남은 기간 잘 버틸 수 있을까 고민이다. 상업적인 공간이지만 아무리 열심히 일해도 크게 돈을 벌 수 없는 일이어서 먹고사는 일은 계속 걱정해야 한다고 쳐도, 수없이 생기고 사라지는 같은 업종의 공간들을 바라보며 떠맡게 되는 회의감은 상실 그 이상이다.

책방을 꿈꾼다는 사람을 만나거나 이미 책방을 운영하는 사람들과의 만남을 자주 갖는다. 그런데 그들을 만날수록 이 직업이 과연 좋은 직업인가 되묻게 된다.

"그냥 처음 계약 2년만 잘 버티는 게 목표예요."라는 말을 들으면 그 사람과 더는 책방 운영에 관해 이야기하고 싶지 않다. "책은 어디서 받아야 해요?"라는 말이 이미 오픈한 책방지기의 입에서 나오는 순간 내 직업이 이렇게 아무나 하는 거였냐며 짜증이 난다. 책방을 여는 게 그렇게 쉬워 보이는가? 책방지기는 아무나 해도 괜찮다고 생각하는가? 도대체 무엇을 원하는지, 진짜 하고 싶은 것이 무엇인지조차 자기도 모른 채 떡하니 공간만 열어 놓으면 다인 거로 생각하는가? 어떤 책방은 누군가의 평생 꿈으로 이루어진 공간일 테고, 어떤 책방은 그 마을에 꼭 필요한 사랑방이 될 테고, 어떤 책방은 미래의 작가들을 위해 길을 열어 두는 공간이다. 절대로 쉬운 것이 아니다. "돈을 못 버는 데 책방을 유지하는 비결은 뭐예요?"라는 질문을 정말 많이 받는데, 책방 운영에 관심 없는 사람들에게는 "그냥 좋아서요."라고 답하고 있지만 책방 운영을 하고 싶다는 사람에게는 "누가 돈을 못 번다고 말해요? 겉으로는 사람들에게 돈을 많이 벌지 않아도 행복하게 살 수 있다는 것을 보여주면서도 안으로는 돈을 벌어야 현상을 유지할 수 있어서 정말 많이 노력해요. 쉬는 날 없이, 잠자는 시간 쪼개고 쪼개 일해요. 돈 못 버는 거 아는데 왜 하려고 해요? 그 마인드로는 책방 절대 못 해요. 책방지기는 대부분 돈을 벌기 위해 책방을 운영해요."라고 답한다. "사람들이 찾아오기 좋은 곳에서 문을 열면 괜찮을까요?"라고 묻는 사람도 있는데, "장소가 중요한가요? 시간이 중요한가요? 사람들이 찾아가고 싶으면 산골짜기에 있어도 가고, 새벽에만 문 열어도 찾아가요. 가고 싶게 만들 생각을 하세요."라고 답한다.

처음에는 걱정하던 것들이 시간이 지나면서 별거 아닌 것이 될 때가 많다. 낯선 것들도 어느새 익숙해진다. 그리고 익숙해지면 그때부터 전에는 보이지 않는 것을 발견하기도 한다. 낭만은 그때부터가 시작이다. 적당히 익숙하고 적당히 낯선 사이, 너무 편하지도 않고 불편하지도 않은 그 어중간함 속에 있을 때 가장 낭만적이다. 그리고 유한한 서점의 시간을 무한하게 즐기기 위한 방법은 간단하다. 그저 온종일 머물며 시간을 누리는 것이다.

사실 책빙 운영 기간을 10년이라고 정한 것은 10년이 지나면 내가 더 발전되어서 그때는 공간 이상의 무언가를 창조할 수 있을 거라고 믿었기 때문이다. 그러나 앞으로 남은 시한부 기간에 무엇을 해야 더 나은 삶이 될 것인가 모르겠다. 15년 동안 여행 작가에서 독립 출판 작가 겸 창작자로, 그리고 독립서점 책방지기로 삶을 이어오고 있으니 3년 4개월 후, 작가가 된 지 20년 정도 지난 시점이라면 그때 내가 어떤 것을 해야 성공한 삶이라고 여길까?

사람마다 가지고 있는 능력이 다르고 사람마다 끌리는 것이 다르고 사람마다 취향이 다르기에 나한테만 일어나는 일은 사실 나에게만 해당하는 것일지 모른다. 그래서 책방을 가장 개성적으로 유지하는 방법은 책방지기의 취향과 가치관이 충실하게 녹여 들어가는 것이다. 그렇지만 그게 쉽지 않은 것이 현실이다. 그럴 때 기본에 충실하면 된다. 바라던 것이 무엇이었는지, 꿈꾸는 미래는 무엇인지 그것만 생각하면 좋다. 그래서 나는 딱 하나만 따진다. '버려진 것과 남겨진 것의 공존'을 바라는 것. 그거 하나만은 반드시 지키며 책방을 유지하고자 한다. 최소한 10주년 때까지만이라도 말이다.

책방에 온 손님에게
보내는 편지

우연히 책방에 와준 당신에게

안녕하세요.

어제보다 오늘은 날씨가 조금 더 쌀쌀하더라고요. 계절의 끝자락인지, 아니면 아직 찬 바람이 떠나지 않아서인지, 책방 문을 열며 난방을 고민했어요. 그런데 이상하죠? 당신을 만나고 포근함의 온도가 올라서 그런지 스산한 몸이 스르르 나른하게 편하네요.

산책하다 우연히 책방을 발견하셨다고 하셨는데, 나는 이런 우연이 좋아요. 처음부터 이런 우연한 만남을 기대하며 책방 간판을 달지 않았어요. 사람들은 커다랗게 광고해 놓아야 누군가 방문한다고 생각했지만, 저는 다정함을 채워줄 사람들만 기다렸나 봐요. 바로 당신 말이죠.

우연히 낯선 공간에 발을 디딘 당신은 이곳을 어떻

게 기억할까요? 책방이 편해서 좋았다고 기분 좋은 말을 해주고 떠나서 저는 너무 좋았는데, 어쩌면 그 말을 내가 요즘 가장 듣고 싶었던 걸지도 몰라요. 행복하다는 말과 낭만적이라는 말, 그리고 설렌다는 많은 표현이 있지만 편안하다는 말이 주는 매력은 진짜 묘하거든요.

사실 요즘 힘들었어요. 며칠째 마감에 허덕이면서 새벽까지 일이 많았고, 아침에 겨우 책방에 출근하면 잡일이 또 너무 많아서 바빴어요. 열심히 일하는 것 같은데도 통장 잔액이 크게 변하지 않으면 허무하기도 했고요. 그런데 오늘 당신의 인사를 받고는 그런 모든 감정이 편안하게 변했습니다. 이런 당신을 만난 건 행운일까요? 행운이든 아니든 상관없어요. 우연히 들어와 이 공간에서 나에게 다정함을 채워준 당신이 있기 때문에 나는 너무 행복하거든요. 이래서 책방을 계속하는가 봅니다.

요즘 부쩍 사람들이 왜 책방을 운영하냐고 많이 물어봐요. 처음 책방을 연 것은 진짜 충동적인 마음이 컸는데, 7년 차가 되니까 왜 내가 책방을 하고 싶었는지, 그리고 왜 계속 유지하고 있는지 알게 되었어요. 책을 고르고 음악을 듣고, 커피를 마시거나 사소한 대화를 나누는 사람들과 함께 있는 공간을 꿈꾼 것 같아요. 그리고 당신과 같은 사람을 만나고 싶어서인지도 몰라요. 돈을 주고 살 수 없는 것, 그리고 검색으로 다다르지 못하는 수많은 것들을 모아 놓은 이런 공간에서 살고 싶었나 봅니다.

만약 내가 책방지기가 아니었다면 어떤 삶을 살았을까 가끔 생각해요. 여행 작가로 계속 살았을지, 아니면 출판만 했을지, 때로는 아예 책과 상관없이 전혀 다른 일을 하고 살았을지 상상이 안 되어요. 그러다가 문득 몇 년 후 책방을 그만둔 내 모습을 또 상상해요. 현재에 충실히 하고 있지만, 이 현재가 만드는 미래가 궁금하거든요. 문화 활동을 하며 살고 싶은데, 내가 할 수 있는 일이 책을 만드는 것과 책방을 꾸리는 것 외에 또 무엇이 있을지 잘 모르겠기에, 또 어떤 것을 할 수 있을지 상상하고 고민도 해요. 그런데 분명한 건 하나 있어요. 내가 행복했으면 하는 거요.

어쨌든, 당신 덕분에 오늘 나는 나아질 미래까지 상상하고 있었네요. 다정한 인사를 건네주어서 고마워요. 그리고 다시 또 만나길 바랄게요.

안녕히 가세요.

책방에서 낭만을 찾는 당신에게

안녕하세요.

낭만을 꿈꾸는 당신, 오늘은 어떤 하루를 보내셨나요?

나는 오늘 오랜만에 늦잠을 잤어요. 아니, 늦잠을 자고 싶었다고 하는 게 더 맞는 것 같아요. 늦은 시간 알람을 맞추고 푹 자려고 했으나 알람이 울리기 전에 미리 깨우는 고양이 덕에 일찍 눈을 떴는데요, 그런데도 침대에서 나오지 않고 고양이와 뒹굴뒹굴하며 꽤 오래 아침의 빈둥거림을 만끽했습니다.

낭만은 참 이상하죠? 그저 평범한 아침일 뿐인데 잠시 여유를 가졌다고 금세 '낭만적이다'라고 생각하더라고요. 대단한 현실이 아니라도, 마음이 항상 그 현실을 넘어서 이상을 바라볼 때 낭만적이라고 말하는 것 같아요. 지금을 힘들게 살아내면서도 잠깐의 여유에 조금 더 편안하거나 근사한 삶을 살아내는 그런 마음이 모두 낭만인 것 같았고요. 그래서 낭만을 꿈꾸는 건 사치라고 생각하지 않아요. 누릴 건 누려야죠.

   아침이 행복해서 그런지, 하루가 평온했어요. 책방에 도착해서 커피 한 잔을 마시는 동안 아무런 방해를 받지 않았고, 어제 들어온 신간이 곧바로 독자의 손에 들렸을 때, 내가 고른 책을 같이 좋아해 주는 사람을 만난 것이 행복했어요. 창문 밖의 바람은 잔잔했고, 하늘은 흐렸지만 뭉게구름이 예쁘게 흐르더라고요. 구름이 지나간 자리에 햇살이 내리쬘 때 그 자리에 낭만이 자라나기를 바라며, 핑크색 노트를 꺼내 좋아하는 단어를 잔뜩 적었는데요, 그 사이 당신이 들어왔지요. 일부러 사각사각 만년필 소리를 내려고 했는데 혹시 들으셨나요? 당신에게 시선을 맞추지 않으려고 노력하면서도 제가 쓰는 이야기가 닿기를 바라는 마음을 눈치채주길 바라고 있었답니다. 어쨌든 좁은 공간이었지만 책을 열심히 고르는 당신을 보며 그 모습을 누구도 방해하지 않기를 바랐어요. 고양이만 빼고요. 내 마음을 알았는지, 당신이 맨 아래 칸 책을 보려고 무릎을 굽히는 순간 고양이가 다가가 쓱 비비더라고요. 이때다 싶어 나는 당신에게 말을 걸었어요. 그냥 대화해보고 싶었거든요. 책방에 찾아와 줘서 고맙다고 이야기해 주고도 싶었고요. 하지만 저는 그런 말들을 다 참고 "고양이 좋아하세요?"라고만 말한 거예요. 진짜 하고 싶은 말이 많았는데 고요한 당신의 시간을 지켜주고 싶었어요. 그래야만 따뜻하게 여길 오래 기억할 것 같았거든요. 한동안 책을 고르던 당신이 집어 온 책이 내가 가장 좋아하던 책이었을 때, 저는 너무 기분이 좋았는데, 아는 척하면 멀어질까 봐 마음을 숨기고, 조심스럽게 엽서 한 장을 더 넣어 드렸답니다. 오래 머물다 가길 바랐는데, 다행히도 당신은 다락방에서 쉬었다 가겠다고 해서 좋았어요. 한참을 머물러 주셔서 감사하기도 했고요. 더 좋았던 건 당신이 가고 난 자리에 남겨져 있던 메모였어요.

낭만의 공간에 있어서 좋았다는 그 메모, 아니 당신이 남기고 간 낭만 덕분에 나는 오래 책방을 하고 싶어졌어요. 먼 훗날이라도 갑자기 여기가 그리워지면 꼭 다시 와주세요. 그날까지 다정한 마음을 간직하며 기다리겠습니다.

와 주셔서 감사해요.

다시 꼭 만나요.

아무것도 없던 순간에 많은 것을 만들어낸 순간이 내게 기적이었다. 할 수 없다고 믿었던 걸 해내던 과정은 낭만이었다.

책방에서
낭**만**을 찾는
당신에게。

책방에서
낭**만**을 찾는
당신에게.

책방에서 낭만을 찾는 당신에게

1판 1쇄 발행 | 2025년 6월 25일

지은이 | 김지선

편집.디자인 | 새벽감성
발행인 | 김지선
펴낸곳 | 새벽감성, 새벽감성1집

출판등록 | 2016년 12월 23일 제2016-000098호
이메일 | book@dawnsense1zip.com
홈페이지 | dawnsense1zip.com
인스타그램 | @dawnsense_1.zip

*책값은 표지에 있습니다.
*잘못된 책은 구입처에서 교환해 드립니다.
*이 책의 사진과 글의 전부 또는 일부를 발췌하거나 인용하려면
 반드시 새벽감성 출판사의 동의를 얻어야 합니다.